财务决策实验教程

CAIWU JUECE
SHIYAN JIAOCHENG

主 编◎李艳 赵燕 龙凤好

首都经济贸易大学出版社
Capital University of Economics and Business Press
·北京·

图书在版编目(CIP)数据

财务决策实验教程/李艳等主编．—北京:首都经济贸易大学出版社,2018.11
ISBN 978 - 7 - 5638 - 2662 - 9

Ⅰ.①财…　Ⅱ.①李…　Ⅲ.①财务决策—教材　Ⅳ.①F234.4

中国版本图书馆 CIP 数据核字(2017)第 141994 号

财务决策实验教程

主　编　李艳　赵燕　龙凤好

责任编辑　文　则

封面设计　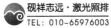 砚祥志远·激光照排
　　　　　TEL: 010-65976003

出版发行　首都经济贸易大学出版社

地　　址　北京市朝阳区红庙 (邮编 100026)

电　　话　(010)65976483　65065761　65071505(传真)

网　　址　http://www.sjmcb.com

E - mail　publish@ cueb. edu. cn

经　　销　全国新华书店

照　　排　北京砚祥志远激光照排技术有限公司

印　　刷　人民日报印刷厂

开　　本　710 毫米 ×1000 毫米　1/16

字　　数　207 千字

印　　张　11.75

版　　次　2018 年 11 月第 1 版　2018 年 11 月第 1 次印刷

书　　号　ISBN 978 - 7 - 5638 - 2662 - 9/F·1478

定　　价　36.00 元

前　言

　　财务决策实验教程是针对财务决策软件平台专门设计的,是财务决策课程的配套教材。本教程依据"强化基础、提升技能、突出综合应用"的思路,以财务管理等岗位所需核心能力为出发点精心设计教材内容。实验内容和操作步骤翔实、简单易学、实用性强,通过操作练习的反复训练,可以提高学生操作的熟练度,使学生掌握相应的技能,为学生参加实际工作奠定基础。

　　本教材内容包括四部分:平台介绍、平台设置、实战操作和税务稽查。平台介绍部分主要包括财务决策平台的特点、规则、评分标准以及评价指标说明,使学生对财务决策平台有一个大致的了解。平台设置部分主要介绍平台运行前的准备工作,包括登陆平台、账号注册、管理员和教师初始设置,本部分主要由教师完成。实战操作部分主要包括岗位介绍、工作准备和典型业务操作,是教材的核心内容,本部分围绕企业财务管理和日常业务核算两个核心环节,通过对真实企业的仿真模拟,根据系统设计的运营、财务总监、财务经理、会计、出纳五个角色,采用人机对抗方式展开企业生产运营活动,针对每个典型的业务活动给出了具体的操作方法。税务稽查部分主要介绍税务稽查要点、税务稽查操作和教师仲裁,本部分主要是对参与平台经营的小组所做的账务处理、税款缴纳、纳税申报等环节进行税务审计,并将稽查结果交由教师评分,给出最终结果。

　　本教材有 3 个主要的特点:其一是逻辑性、整体性强。教材选取一家工业企业为案例,按照实际业务流程为主线,贯穿企业一个月的生产运营活动。其二是内容翔实,拓展性强。在设计企业业务时,我们尽量将平台的大部分功能运用于企业实际业务之中,对有些不能在同一业务中同时运用的功能,采用"拓展领域"的方式呈现出来。其三是操作性强。教材内容实用、图文并茂、简单易学,力求指导学生边学边做,有利于培养学生的应用能力。

　　本教材可以作为高校财务管理、会计等专业的财务决策平台实验指导书,也可以作为财务决策平台的培训教材。

　　本教材为广东理工学院教学成果,教材的编写得到了厦门网中网软件有限公司的大力支持。本书在编写的过程中,参阅了大量的文献,在参考文献中已经尽量列出,在此一并表示诚挚的感谢!

　　尽管编者在编写过程中做了大量的工作,但限于学识和水平,书中难免存在疏漏与不足,恳请各位读者及时反馈意见,以便将来予以修订。

目　录

1 平台介绍

1.1 基本概况

财务决策平台是面向财会类专业学生开发的一款仿真模拟企业运营实务的教学软件。本决策平台围绕财务管理和会计核算两个核心环节,在模拟企业经营内外部环境下,设计了企业运营、账务处理、电子报税、税务稽查四大操作模块,要求学生以团队形式,通过人机对抗方式分角色虚拟运营一家工业企业。着重训练学生从 CFO 的角度综合运用企业管理、财务管理、会计、税法、市场营销等理论知识实际运作企业的能力。

在决策平台的操作中,系统设置了运营、财务总监、财务经理、会计、出纳五个角色,各个角色在独立操作之余还需与其他角色密切配合沟通,以此树立全局观念,对关乎企业生产运营的各个方面进行关注。如采购要考虑价格波动及供应商情况,生产要考虑产能匹配,研发、广告投放、人员招聘要考虑企业实际需要等。学生通过角色任务实施,体会企业运营管理的全过程,将所学多学科知识综合运用到虚拟的企业运营中。决策平台是基于训练财会类专业学生综合运用相关理论及技能的实训平台,在参与本次课程前,需要学生具备出纳实务、基础会计、财务会计、成本会计、税务会计、财务管理、会计电算化、管理学基础、市场营销学、金融学等相关知识。

1.2 平台特点

◇每个环节都体现资金成本、时间成本、企业信誉和机会成本。

◇从 CFO 的角度进行企业运营,充分体现财务决策的重要地位。

◇引入市场机制,体验市场调控功能和市场风险。

◇加入企业风险,体验风险控制对决策的影响。

◇电算化支持分岗模式,可以几个会计同时做账,大大提高了工作效率。

◇把运营和财务紧密结合,根据运营结果做账,系统自动生成单据。录入凭证的时候可以查看并选择所需单据。

◇评价体系完整并可由老师根据需要自己增加、删除、修改。

◇真实再现企业纳税申报场景,培养学生纳税筹划意识。

◇建立稽查平台,提供企业税务自查功能,多角度审核企业账务,锻炼学生审计和查账能力。

1.3 平台规则

企业是指从事商品生产、流通和服务等活动,为满足社会需要,以盈利为主要目的,进行自主经营、自主盈亏、具有法人资格的经济组织。企业经营的要求是生存、发展和盈利。

1）企业生存

企业经营的基本要求是生存,在财务决策平台中,企业以生产经营为主,以其他业务为辅,并根据企业的经营状况合理地进行投融资。如果企业无法偿还到期债务,或没有足够的资金持续经营,企业将会破产。

2）企业发展

企业在生存的基础上,应当努力寻求发展,包括开拓新市场、积极投入研发、扩大生产规模、投资其他业务。

3）企业盈利

企业经营的本质就是实现企业价值最大化。企业盈利的主要途径是扩大销售和降低成本。

4）企业破产

企业破产是指当债务人（企业）的全部资产无法清偿到期债务时,债权人通过一定法律程序将债务人的全部资产供其平均受偿,从而使债务人（企业）免除不能清偿的其他债务。本平台规定:①债权人向法院提起诉讼,企业无法付款,即刻破产;②企业有当日应支付款项,无银行存款或现金支付,即刻破产。

本平台中企业需要遵守上述基本要求。

1.4 评分标准

本平台的评分标准如表 1-1 所示。

表 1-1 评分标准

指标名称	对应分值	指标名称	对应分值
信誉值	5	存货周转率	10
流动比例	10	销售净利率	10
净现金流	10	总资产报酬率	10
评估收益	20	总资产周转率	10
现金毛利率	15	合计	100

以上指标主要考核学生的企业运作管理、财务计划、财务决策等能力。每个指标所占的权重不同,分值随权重而变化,满分为 100 分。通过这些指标的设置,学生企业小组可以在次月 16 日看到本小组的成绩,并看到总成绩排行榜,从而激发学生的竞争意识,培养学生提升战略规划和决策的能力,增强经营决策中的全局观、系统观,并且在激烈对抗与竞争环境下积极树立进取意识,培养沟通能力和团队合作精神。

1.5 评价指标说明

1)信誉值

企业的信誉值100。企业信誉值跟短期贷款额度相关,信誉越高,贷款额度越高。一般情况下,终止发货、延期发货、缴纳滞纳金、违约金等不诚信违反合同规定的事项均可扣除企业信誉值。企业信誉值只扣除,不增加。

2)流动比率

$$流动比率 = 流动资产/流动负债$$

该指标考察企业偿债能力。每月系统根据企业出具的财务报表,计算该指标。

3)净现金流

$$净现金流 = 银行存款期末余额 + 库存现金期末余额$$

该指标考察企业资金运营情况。每月系统根据银行对账单中提取数据计算该指标。

4)评估收益

该指标根据系统中的市场价格,评估企业全部资产和负债,计算出净资产市值,并扣除其净增加额应缴纳的企业所得税,得出税后净资产与企业注册资本的比值,该数值越大,分数越高。

5)现金毛利率

$$现金毛利率 = 经营活动净现金流量/经营活动现金流入量$$

该指标考察经营现金流量质量。每月系统根据企业出具的财务报表,计算该指标。

6)存货周转率

$$存货周转率 = 营业成本/平均存货$$

该指标考察存货的周转速度。每月系统根据企业出具的财务报表,计算该指标。

7)销售净利率

$$销售净利率 = 净利润/营业收入$$

该指标考察企业盈利状况。每月系统根据企业出具的财务报表,计算该指标。

8)总资产报酬率

$$总资产报酬率 = (利润总额 + 利息支出)/平均资产总额$$

该指标考察资产利用效率。每月系统根据企业出具的财务报表,计算该指标。

9)总资产周转率

$$总资产周转率 = 营业收入 / 平均总资产$$

该指标考察资产的周转速度。每月系统根据企业出具的财务报表,计算该指标。

2 平台设置

本平台的账号组织流程如图 2-1 所示。

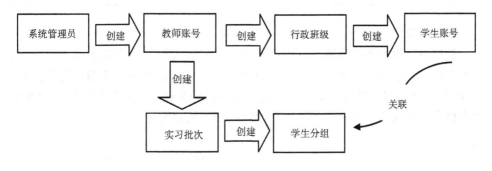

图 2-1 账号组织流程

2.1 管理员设置平台

2.1.1 登录平台

管理员登录本平台的操作流程如图 2-2 所示。

图 2-2 管理员登录平台流程

2.1.2 设置平台

1)管理员创建教师账号

管理员创建教师账号的操作流程如图 2-3 所示。

图 2-3 创建教师账号流程

2）系统管理员

系统管理员登录系统后,可对以下菜单项进行操作(见表2-1)。

表2-1 菜单项目表

菜单项	功能介绍
教师管理	设置学校实际教师的基本信息,使教师可以登录系统操作

3）教师管理

管理员可以添加教师账号,点击"教师管理",录入相关教师信息(见图2-4),点击"录入提交"即可新增教师。修改教师信息可以直接在数据表格中进行修改,修改完成之后点击"修改提交",即可批量修改教师数据。删除教师账号可以在数据表格中直接勾选要删除的教师账号,然后点击"删除提交"。

图2-4 "添加教师账号"界面

2.2 教师设置平台

2.2.1 登录平台

教师登录本平台的操作流程如图2-5所示。

图2-5 教师登录平台流程

2.2.2 设置平台

教师登录系统后,可对以下菜单项进行操作(见表2-2)。

表 2 - 2　菜单项目表

菜单项	功能介绍
班级管理	管理行政班级以及学生
实习批次管理	进行学生分批次分组动作,学生只有在分完组后才能登录系统
成绩管理	学生组成绩查看
稽查管理	将学生运营的企业分配给稽查人员,之后稽查人员才可以对这些企业进行稽查动作

2.2.2.1　班级管理

录入学校实际班级信息,包括班级里的学生。

1)行政班级管理

(1)添加新的行政班级

点击"班级管理",录入相关班级信息(见图 2 - 6),点击"录入提交"即可新增班级。在数据表格上部,提供了一些相关的查询条件,可以通过班级名称、学生学号、学生姓名、创建人等条件直接查找班级。

图 2 - 6　"录入班级信息"界面

(2)修改/删除行政班级

查询显示出所有的班级信息,对班级信息进行修改/删除。修改信息,在相应记录的最后一栏中打钩,点击"修改提交"。删除信息,在相应记录的最后一栏中打钩,并点击"删除提交",将删除所选的记录(见图 2 - 7)。

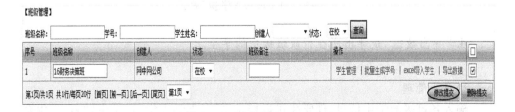

图 2 - 7　"删除行政班级"界面

注意:只有当本行政班级没有学生时才能删除,否则要先删除学生。

✻ 说明:

1. 若要删除或修改记录,必须先对当前记录进行操作确认,即在最后一栏的复选框内打钩☑,再点击"修改提交"或"删除提交"。

2. 批量生成学号可以自动帮教师生成一系列有规律的学号(见图2-8)。

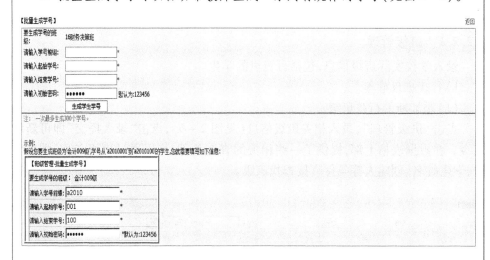

图2-8 "生成学号"界面

3. "Excel 导入学生"可方便地将 Excel 中的学生信息导入系统(见图2-9)。

图2-9 "Excel 导入学生"界面

4. "导出数据"是导出所在行政班级中的学生。

2)学生管理

输入各班级的学生信息,使学生可以登录系统,如学生学号、学生姓名、学生登录密码等,可进行学生信息增删改。

(1)添加行政班级学生

选择行政班级,在该班级增加新的学生信息,输入学号、姓名、性别、密码等信息,点击"录入提交"完成(见图2-10)。

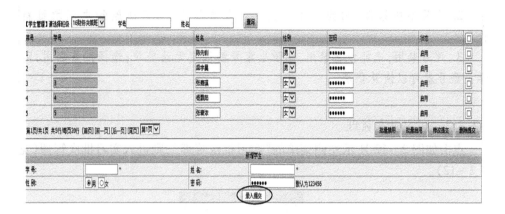

图2-10 "添加行政班级"界面

✱ **说明:**

1. 学号:输入学生的实际学号。

注意:学号不能重复,即不同的学生不能用相同的学号!

2. 性别:点击性别前的⊙进行选择。

3. 密码:系统管理员和教师可直接修改学生密码,也可由学生在使用时自行修改密码。

(2)修改/删除行政班级学生

查询显示出已存在的所有学生信息,并可进行修改或删除(见图2-11)。

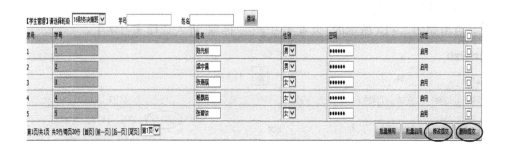

图2-11 "修改或删除行政班级"界面

✻ 说明:

　　1. 若要删除或修改记录,必须勾选相应每一行后面的复选框。点击首行最后一栏的复选框☑表示全选。

　　2. 学号不能修改,因为是主关键字。若学号有误,只能删除本记录重新输入。

　　3. 账号禁用,选择批量禁用,则学生账号被锁定无法登录;选择批量启用,则学生账号就可以恢复登录。

2.2.2.2　实习批次管理

　　点击如图 2 - 12 所示左侧菜单的"实习批次管理",则进入实习批次管理(见图 2 - 12)。

【实习批次管理】　　[新增实习批次]

批次名称 [　　　]　　学号 [　　　]　　姓名 [　　　]　　[查询] [注意事项]

序号	批次名称	学生数	开始时间	初始组数	实习组数	状态	状态控制	操作
1	16财务决策2	5	2016	1	1	运行中	批次暂停	设置实习学生 | 查看实习企业 | 参数设置 | 决策选项管理 实习组管理 | 实习组初始化 | 详情 | 删除
2	2017财务决策1	5	2016	1	1	运行中	批次暂停	设置实习学生 | 查看实习企业 | 参数设置 | 决策选项管理 实习组管理 | 实习组初始化 | 详情 | 删除

图 2 - 12　"实习批次管理"界面

　　1)设置实习学生

　　点击如图 2 - 13 所示的"设置实习学生"标签,进入选择实习学生。

【实习批次管理】　　[新增实习批次]

批次名称 [　　　]　　学号 [　　　]　　姓名 [　　　]　　[查询] [注意事项]

序号	批次名称	学生数	开始时间	初始组数	实习组数	状态	状态控制	操作
1	16财务决策2	5	2016	1	1	运行中	批次暂停	(设置实习学生) | 查看实习企业 | 参数设置 | 决策选项管理 实习组管理 | 实习组初始化 | 详情 | 删除
2	2017财务决策1	5	2016	1	1	运行中	批次暂停	设置实习学生 | 查看实习企业 | 参数设置 | 决策选项管理 实习组管理 | 实习组初始化 | 详情 | 删除

图 2 - 13　"设置实习学生标签"界面

在右边栏选择班级,然后勾选你要加入该批次的学生,最后点击"批量加入本批次实习"按钮,则添加学生成功,左边栏显示已经进入该批次实习的学生(见图2-14)。

图2-14 "批量加入本批次实习学生"界面

2)实习企业

点击"查看实习企业"标签,可以设置此批次的实习企业(见图2-15),也就是使用哪套数据进行实习。系统目前支持全新的实习企业,或者从一套运营过的数据模板开始运营。在企业新建的状态下,才可以允许设置,一旦企业开始或者批次的组里已经有过初始化数据,则不能再修改。

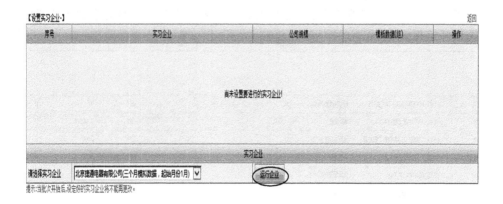

图2-15 "设置实习企业"界面

3)参数设置

点击"参数设置"标签,可以对实习企业一些默认参数进行设置(见图2-16)。

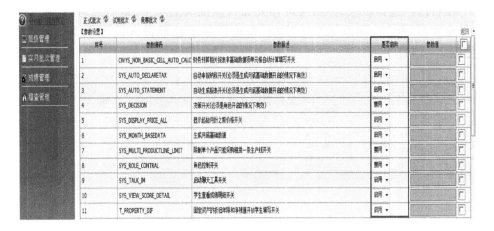

图 2－16 "参数设置"界面

27	SYS_ADDEDVALUE_TAX_RATE	增值税税率(%)	启用 ▾	17	☐
28	SYS_APPROVE_QUOTA	审批额度	启用 ▾	1000000	☐
29	SYS_CARRIAGE_AMOUNT_FIXED	运费固定部分	启用 ▾	2000	☐
30	SYS_CARRIAGE_TAX_RATE	运费税率	启用 ▾	3	☐
31	SYS_CONTRACT_TAX	合同增值税率	启用 ▾	17	☐
32	SYS_COST_DEF_DAY	系统费用默认产生日	启用 ▾	1	☐
33	SYS_DEAL_CHARGE_RATE	股票交易手续费(%)	启用 ▾	0.1	☐
34	SYS_DELAY_RATE	委托贷款拖延归还本金几率(%)	启用 ▾	30	☐
35	SYS_FLF_TAX	职工福利费支出(%)	启用 ▾	14	☐
36	SYS_GHJF_TAX	工会经费支出(%)	启用 ▾	2	☐
37	SYS_INCOME_TAX_RATE	所得税税率(%)	启用 ▾	25	☐
38	SYS_INVENTORY_COST_DEF_DAY	仓储费用默认产生日	启用 ▾	15	☐
39	SYS_JYJF_TAX	职工教育经费支出(%)	启用 ▾	2.5	☐

图 2－17 "参数启用"界面

某些数值可以根据需要进行调整,涉及相关法律法规规定数值建议不做调整。

4)决策项管理

点击"决策项管理"标签,勾选相应的决策项,然后点击"添加提交",学生运营企业时可以提交的决策项见图2-18。

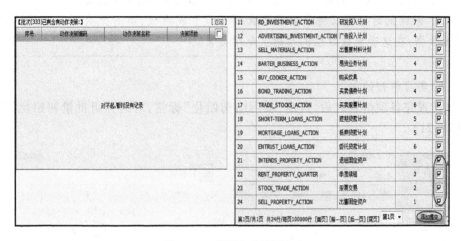

图2-18 "提交决策"界面

5)实习组管理

系统的运行方式是以分组的形式进行,故实习批次内的一个组相当于一家学生企业。点击"实习组管理"标签,进入"实习组管理"界面(见图2-19)。

图2-19 "实习组管理"界面

点击"设置组学生"标签,进入"设置学生"界面(见图2-20),先勾选所要的学生,然后点击"批量加入本实习批次组",则把所要的学生加入该组当中。

图2-20 "设置学生"界面

✱ **说明:**

1. 点击"详情",则可以对该组的详细信息进行修改。

2. 点击"删除",则删除该组。

3. 点击"重置组数据",则清空该组的所有操作数据,重新开始。

4. 教师同时也可以将学生的运营数据设置成模板,新的批次可以使用这些模板数据,在这套模板数据的基础上继续运营。

6) 实习组初始化

设置完各项信息之后,点击"实习组初始化"标签,对运营组批量初始化(见图 2 – 21)。

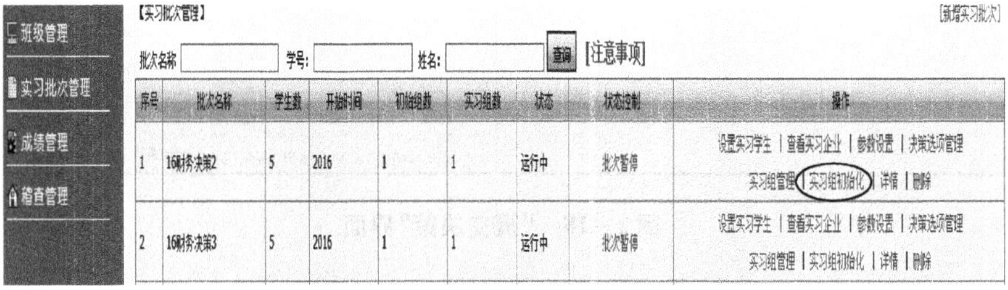

图 2 – 21 "实习组初始化"界面

7) 详情

点击"详情"标签,可以对该实习批次的信息进行修改,控制时间点是控制批次停止的时间(见图 2 – 22),比如设置到 2016 年 11 月 30 日,那么学生运营系统到这一天就无法再继续下一天,方便教师进行统一进度控制。批次结束日期是指整个批次的结束时间,到这一天也一样是无法继续下一天,这个时间由批次实习企业设定的时间段决定,不能超过,比如批次实习企业设定的是 10 ~ 12 月份数据,则批次结束日期一般设定在次年 4 号,方便学生完成纳税申报。

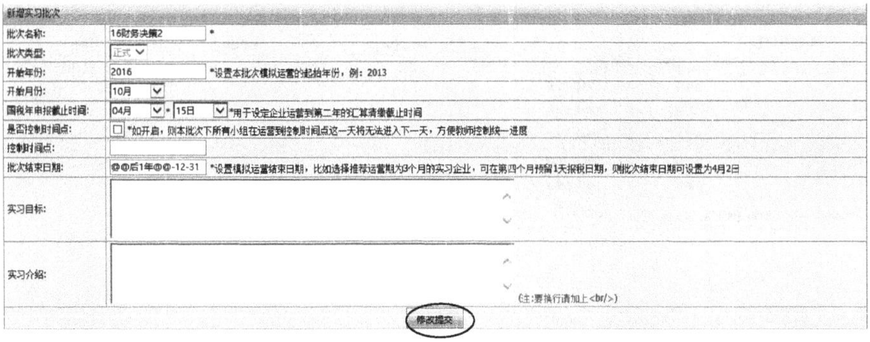

图 2 – 22 "设置开始时间"界面

8）删除

点击“删除”标签，确认后则删除该实习批次。

9）状态控制

点击“批次开始”，开始实习批次，点击“批次暂停”，暂停实习批次，学生不可实习，点击“批次继续”，学生可继续实习批次（见图 2-23）。

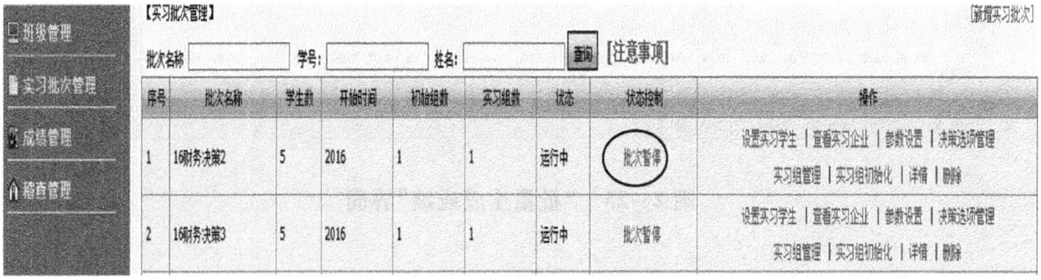
班级管理
实习批次管理
成绩管理
稽查管理
【实习批次管理】
[新增实习批次]
批次名称
学号：
姓名：
查询
[注意事项]
序号
批次名称
学生数
开始时间
初始组数
实习组数
状态
状态控制
操作
1
16财务决策2
5
2016
1
1
运行中
批次暂停
设置实习学生 | 查看实习企业 | 参数设置 | 决策选项管理
实习组管理 | 实习组初始化 | 详情 | 删除
2
16财务决策3
5
2016
1
1
运行中
批次暂停
设置实习学生 | 查看实习企业 | 参数设置 | 决策选项管理
实习组管理 | 实习组初始化 | 详情 | 删除

图 2-23 “批次开始或批次暂停”界面

批次暂停之后，学生将不能登录系统，此时教师可以进行新增组，初始化组数据等操作。等批次恢复运行，学生允许登录系统，但此时教师不能进行以上操作。

2.2.2.3 成绩管理

点击左侧菜单的“成绩管理”，则进入“成绩管理”界面（见图 2-24）。

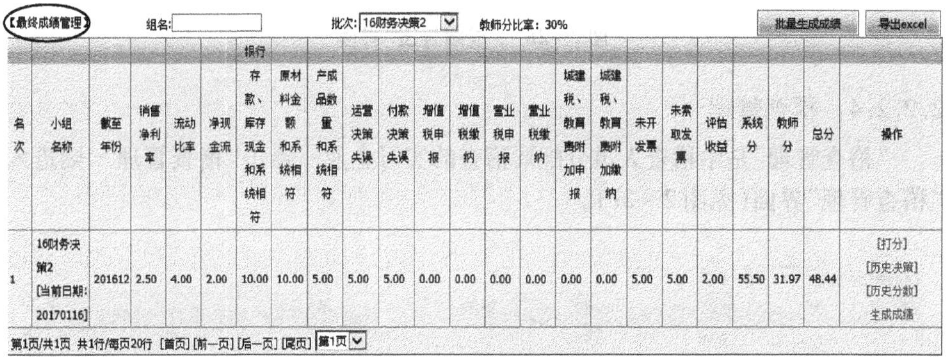
【最终成绩管理】
组名：
批次：16财务决策2
教师分比率：30%
批量生成成绩
导出excel
名次
小组名称
截至年份
销售净利率
流动比率
净现金流
银行存款、库存现金和系统相符
原材料金额和系统相符
产成品数量和系统相符
运营决策失误
付款决策失误
增值税申报
增值税缴纳
营业税申报
营业税缴纳
城建税、教育费附加申报
城建税、教育费附加缴纳
未开发票
未索取发票
评估收益
系统分
教师分
总分
操作
1
16财务决策2 [当前日期：20170116]
201612
2.50
4.00
2.00
10.00
10.00
5.00
5.00
5.00
0.00
0.00
0.00
0.00
0.00
0.00
5.00
5.00
2.00
55.50
31.97
48.44
[打分]
[历史决策]
[历史分数]
生成成绩
第1页/共1页 共1行/每页20行 [首页] [前一页] [后一页] [尾页] 第1页

图 2-24 “成绩管理”界面

点击“最终成绩生成及查询”（见图 2-24），再次点击“批量生成成绩”，系统会按照“总分”由高到低顺序排列（见图 2-25）。

如有需要，可以点击“导出 Excel”将成绩导出（见图 2-26）。

图 2 – 25　"批量生成成绩"界面

图 2 – 26　"成绩导出"界面

2.2.2.4　稽查管理

"稽查管理"是给稽查人员分配要稽查的实习企业。点击"稽查管理",则进入"稽查管理"界面(见图 2 – 27)。

序号	学号	姓名	性别	稽核组数	操作
1	1	陈先铺	男	2	设置要稽查的组
2	2	梁宇昊	男	2	设置要稽查的组
3	3	张嘉琪	女	2	设置要稽查的组
4	4	杨凯茹	女	2	设置要稽查的组
5	5	张翻淙	女	2	设置要稽查的组

【稽查管理】请选择班级　　　学号：

第1页/共1页　共5行/每页20行 [首页][前一页][后一页][尾页] 第1页

图 2 – 27　"稽查管理"界面

选择稽查人员所在班级,或者直接输入稽查人员学号进行查询,选定稽查人员后点击"设置要稽查的组"给稽查人员分配具体实习企业,进入如下界面(见图2-28)。

图2-28 "设置稽查组"界面

图2-28中,先在右侧栏中选择要稽查的"实习批次",查询选择具体某一小组或者全部小组,点击"批量稽核",被选定的小组会显示在左侧栏内,同样方式可以删除"已有稽核组"。

3 实战操作

学生进入平台进行操作时,操作流程如图3-1所示。

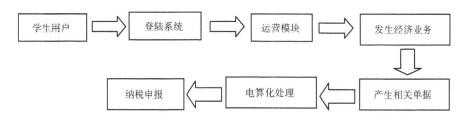

图3-1 学生操作流程图

3.1 岗位介绍

3.1.1 运营岗位

3.1.1.1 工作职责

负责企业采购、生产、承接订单、人员招聘、研发投入、广告费投入等日常生产运营工作。每个运营动作执行时需要财务总监做决策审批。

3.1.1.2 工作规则

3.1.1.2.1 厂房、生产线、办公房、其他资产投资规则

1)知识点

企业固定资产的投资主要包括生产线、房产(厂、办公用房)和其他资产的投资。企业可以选择购买或租赁生产线和房产,购买其他资产。企业资产的所有权会对企业未来使用抵押贷款方式的筹资业务产生一定影响。

企业租赁厂房和生产线均属于生产运营管理决策的内容。其中厂房的选择首先要解决的是企业的选址问题。好的选址会给企业带来许多有利条件,增强企业竞争力。企业选址应首先考虑影响选址的因素,例如要考虑国家政策,市场需求,资源利用,气候、地质等自然条件,相关配套设施等。具体到产品原料和能源供应及位置、劳动力条件、自然条件都是企业选址要考虑的重要因素,因为这些因素将直接影响企业的生产成本、生产周期。其次,企业选址还需掌握科学的选址方法,比如有投资费用比较法、分等加权法、重心法等。

企业购置生产线,属于设备布置决策,要考虑设备的类型及布置方式。具体到

18

生产线方面,应结合产品加工工艺及程序考虑以下诸多因素,如生产性(生产线的工作效率);可靠性(加工精度、准确度的保持);维修性(维修是否便利,零件是否易拆卸、检查,零件的标准化程度如何);环保性;节能性(经济性);灵活性(能否适应不同工作条件和环境);难易性(操作是否简单,是否人性化),等等。另外,在生产线的选择方面,亦可采用多种方法进行权衡和比较,如成本比较法、投资回收期法、投资利润率法、净现值法等。

(1)生产线业务

✧生产线的购买或租赁:

购买方式:

根据生产线采购合同、增值税专用发票等做相应账务处理如下:

借:固定资产——××生产线

　　应交税费——应交增值税(进项税额)

　　　贷:银行存款

租赁方式:

支付生产线租赁费时,根据生产线租赁合同、付款单据等做相应账务处理如下:

借:预付账款或其他应收款——××生产线租金

　　应交税费——应交增值税(进项税额)

　　　贷:银行存款

✧生产线计提折旧或分摊租赁费:

若企业采用购买方式取得企业生产所需生产线,则应当从购买后的第二个月开始,在每个经营月末对所拥有的生产线按规定计提折旧,当月增加的当月不提折旧,从下个月开始计提。月末会计人员根据折旧计算结果做相应账务处理如下:

借:制造费用——折旧费

　　　贷:累计折旧

若企业采用租赁方式取得企业生产所需生产线,不用计提折旧,但应在每个经营月末分摊当月租赁费,其账务处理如下:

借:制造费用——租金

　　　贷:预付账款或其他应收款——××生产线租金

注:若一条生产线对应一种产品,分摊时可以直接计入"生产成本"。

借:生产成本——××产品——制造费用

　　　贷:预付账款或其他应收款——××生产线租金

(2)厂房业务

✧厂房购买或租赁:

企业根据需求可以选择以购买或租赁的方式取得生产所需不动产。

购买方式:

购进不动产或不动产在建工程按规定进项税额分年抵扣,根据最新会计制度规定,增值税一般纳税 2016 年 5 月 1 日后购入固定资产(不动产),以及 2016 年 5 月 1 日后发生的不动产在建工程,其进项税额应按照有关规定分 2 年从销项税额中抵扣,第一年(购买时)抵扣比例为 60% ,第二年(购买后第 13 个月)抵扣比例为 40% 。

第一年(购买时)根据厂房购买合同、增值税专用发票等做相应账务处理如下:

借:固定资产——厂房

应交税费——应交增值税(进项税额)

应交税费——待抵扣进项税额

贷:银行存款

第二年(购买后第 13 个月)其账务处理如下:

借:应交税费—应交增值税(进项税额)

贷:应交税费—待抵扣进项税额

租赁方式:

支付厂房租赁费时,根据租赁合同、付款单据等做相应账务处理如下:

借:预付账款或其他应收款——厂房租金

应交税费——应交增值税(进项税额)

贷:银行存款

◇厂房计提折旧:

若企业采用购买方式取得企业生产用厂房,则应当从购买后的第二个月开始,在每个经营月末对所拥有的厂房按规定计提折旧,当月增加的当月不提折旧,从下个月开始计提。月末会计人员根据折旧计算结果做相应账务处理如下:

借:制造费用——折旧费

贷:累计折旧

若企业采用租赁方式取得企业生产所需厂房,不用计提折旧,但应在每个经营月末分摊当月租赁费,其账务处理如下:

借:制造费用——租金

贷:预付账款或其他应收款——厂房租金

注:若一条厂房对应一种产品,分摊时可以直接计入"生产成本"。

借:生产成本——××产品——制造费用

贷:预付账款或其他应收款——××生产线租金

(3)按揭贷款购入资产业务

企业按揭贷款是利用向银行等金融机构融资,专用于向供货商购置所需固定资产并分期归还本息的贷款方式。一般来说,按揭购入固定资产可分为两类:一类是购入按揭固定资产后,一般不需继续发生大的支出即可投入使用,如按揭购入带装修的办公用房;另一类是购入按揭固定资产后不能马上投入使用,如按揭购入不带装修的办公用房。

（4）其他资产购置

为了保证生产经营活动的正常进行，企业除需购置生产用资产外，还需配置相应的办公场所及一定数量的办公设备。

2）实战规则

初始运营月初开始，企业需要购置厂房、生产线及办公用房。本平台提供租赁或者购买两种取得方式，需根据资金情况做出决策。如果资金充足可以选择购买，如果资金不足可选择租赁。

运营角色首先需查看财务总监已制订发布的运营规划，根据运营规划中的投资筹资规划选择购买或租赁房产及生产线，选择时主要考虑面积、价格、付款方式、对成本的影响等因素，其中生产线务必要考虑产能并与厂房匹配，同时需遵循平台投资规则。财务总监根据运营提交的投资计划，结合月初制定运营规划，经营成本，资金现状和未来计划等因素进行审批。财务经理根据合同审批付款申请，出纳执行付款。

（1）购买

本平台中企业可以根据需要购买生产线、房产和其他资产，购置生产线和其他资产必须一次性付款，需要为管理人员和销售人员配置笔记本电脑，一人一台。打印机和复印机都必须各购买一台。笔记本电脑、打印机和复印机需要在初始月份10日内购买。

（2）租赁

本平台中企业可以根据需要选择租赁形式取得生产线和房产。租赁周期一般为一年，租赁开始日支付4个月的租金，第4个月开始之后每个季度的第一个月支付一次租金，第二、三季度支付三个月租金，第四季度支付2个月租金。

租赁合同未到期可退租，退回的租金系统自动支付，出纳确认。

退租规则：退租的前提是固定资产为空闲状态，随时可以退租。

退租的范围：生产线、厂房、办公用房。

退租的原则：一个月的租金作为违约金。月租金计算节点为租赁合同签订后满一个月的第二天。第一个月多交的押金，若提前退租，则不予退还。每个季度付款当天须选择是否季度续租，若续租即要支付季度租金。若不续租，即可退租。退租后，不用支付季度租金。被退租的资产不可再用，租赁合同终止。

（3）到货及安装

生产线购买或租赁后第二天到货，生产线的安装时间是10天。房产购买或租赁时可马上投入使用无须安装。其他资产购买后第二天内到货，无须安装。面积是影响房产、生产线和其他资产安装的重要因素。

（4）维护

无论生产线是否在用，企业每个季度必须支付一定金额的维修费用。房产和其他资产则无须支付。

（5）折旧

本平台中企业拥有的生产线、房产和其他资产应当采用直线法按月计提折旧，折旧年限及净残值率根据企业具体情况设置，超过税法规定的标准，年终应当进行纳税调整。

（6）处置

本平台中企业拥有的生产线、房产和其他资产只有在"空闲"状态才能被处置，"按揭"状态的房产不可处置。

处置时的供应商与初始购买时的供应商为同一家企业，按照处置时的市场价做固定资产清理，并缴纳相关税费。

3.1.1.2.2　市场营销规则

1）知识点

投放广告属于企业以满足消费者需求为中心的营销活动中的促销策略之一。广告则被定义为是使用非个性化的大众媒介和其他互动传播形式传达信息给广大受众，从而把可识别的出资人与目标受众连接起来的说服性、有偿性的传播方式。广告投放有助于企业控制和提升其在市场上的形象，为顾客提供产品信息，在诱导顾客购买及提醒使用等方面均有效果。

投放广告业务的相关账务处理：

借：销售费用——广告费

　　贷：银行存款

2）实战规则

在投入广告费之前，企业应根据生产线计算当年的产能，这样才能对广告的投入做到心中有数，在接订单时可以有的放矢。企业投入广告费的多少和每个月所能承接的订单数量有直接的关系。初级市场只能承接一些小订单，到了中级和高级市场则会接到大额订单。市场级别提高，订单的数量也会相应增加。在企业经营过程中，遇到大额支出时，应先查看企业目前现金余额，根据余额情况选择支付或拒绝支付，如果大额支付对未来现金流支出造成较大影响，应提醒企业相关人员及时进行资金筹集。

本平台中企业是通过投放广告费来获取一定的市场份额，市场份额体现为可选的"主营业务订单"数量。

市场分为国内初级市场、国内中级市场及国内高级市场，要达到不同等级的市场需投入的广告费分别从 50 万元到 500 万元不等。平台初始设置的"市场范围"为"一类低级"。

3.1.1.2.3　产品研发规则

1）知识点

产品研发是企业为适应激烈竞争、快速市场变化和产品生命周期缩短等挑战，取得竞争优势的重要途径。作为一项技术管理活动，产品研发过程一般包括市场调研、方案论证、技术攻关、原型试制、生产制造和市场营销六个步骤。具体开发时,企业外部的资源、政策、市场环境及企业内部研发团队实力、管理水平等均是影响研发成功与否的重要因素。同时,企业还应有效管控研发项目风险,提高研发效率和效益。实际工作中,企业为了提升产品的科技含量从而提高产品的市场竞争优势及销售价格,应积极进行产品的研究发展工作。

在财务决策平台中,企业可以根据生产的产品进行研发,投入研发人员和一定的原材料,当研发费用达到一定标准后,企业的产品价格会有所提升。研发费用在所得税汇算清缴时可以加计扣除。

投入研发业务的相关账务处理如下:

投入研发费用:

借:研发支出——费用化支出
　　　　——资本化支出
　　贷:原材料
　　　　应付职工薪酬——工资
　　　　银行存款等

月末,费用化支出结转:

借:管理费用
　　贷:研发支出——费用化支出

研发成功时:

借:无形资产
　　货:研发支出——资本化支出

2) 实战规则

◇本平台的研发项目包括冰箱、电热水器和消毒柜研发。

◇在平台中,企业可以根据生产的产品进行研发投入。研发投入主要包括研发原材料投入和研发人员招聘两个部分,研发人员在研发完成之前不可以解聘。

◇研发"投入费用"由"投入材料经费"和"工资薪酬"构成。

※"投入材料经费"根据原材料领用数量及移动加权单价相乘计算。研发和生产同类产品所需的原材料及其配比关系相同。

※"工资薪酬"根据研发人员的工资汇总计算。

◇"投入费用"计算节点。原材料领用日就是计算"投入材料经费"的时点。次月 15 日计算上月研发人员的工资费用。

◇每月的 15 日之前才能投入研发,每月的 20 日之后才能终止研发。研发可以中途停止,无须连续投入,不影响累计投入研发费用,投入费用等下次再进行研发的时候继续累加。

◇产品研发费用的累计投入金额与产品销售价格和高新企业资格认证相关联。产品研发费用在达到一定额度后可提高产品售价,增强产品竞争力;其次研发金额投入达到高新技术企业标准后,即研发项目累计投入费用达到年销售收入6%以上(年收入5 000万以内),研发人员达到当年员工总数的10%,可以申请高新企业资格。

◇开发阶段投入的研发费用全部形成无形资产。

3.1.1.2.4 人力资源规则

1)知识点

人员招聘是指寻找、吸引并鼓励符合要求的人,到本组织中任职和工作的过程。人员招聘是企业为了弥补岗位空缺而进行的一系列人力资源管理活动的总称。它是人力资源管理的首要环节,是实现人力资源管理有效性的重要保证。一般而言,企业应当根据人力资源需求计划,采取外部招聘、内部选拔、委托第三方招聘等方式,对关键岗位和紧缺人才进行选拔。招聘工作一般可以按照资格初审、专业知识和综合素质测评、面试与答辩、专家组评审等程序进行。整个招聘过程中的审核记录和相关资料均需妥善归档保存。在进行财务决策时,应重点关注招聘人员增加费用并纳入预算实施控制。

2)实战规则

◇运营应在生产线安装期间,应该同时执行人力资源部招聘生产人员的工作,为产品生产做好准备。招聘时应首先注意每条生产线的生产工人上限人数规定,超过上限,系统会提示不允许继续招聘。需要运营招聘的人员有研发人员、生产工人。人员招聘后,需办理入职。但入职必须在相关办公场所及生产线配置完成后方可进行,入职应注意人均占用面积。若移入员工数超过可占用的房屋面积,则不能完成入职。

◇员工工资为固定工资+绩效工资(只有销售人员根据收入提成绩效工资),员工在同一个月中无论哪天入职都要支付全月工资薪酬。员工的工资薪酬由工资、福利费、工会经费、职工教育经费构成。

◇生产每种产品需要生产线管理人员5人,每人每月工资4 000元,系统自行配置,无须招聘。

◇生产人员每人每月工资3 000元,研发人员每人每月工资5 000元,需自行招聘。

◇销售人员10人,每人每月2 000元(底薪)+销售提成(根据销售收入确定),管理人员5人,每人每月4 000元,系统自行配置,无须招聘。

◇生产人员和生产线管理人员不占用面积。销售人员、管理人员和研发人员需占用办公用房面积,每人占用3平方米。若移入办公用房的员工总数超过房屋面积,则不能完成入职。

◇公司招聘的生产人员和研发人员总人数的上限是600人。

◇生产人员、研发人员在一定条件下可以解雇。生产人员在生产过程完成后,研发人员在跨越研发等级后并处于"闲置"状态下可以解雇。解雇需多支付一个月工资作为补偿。

3.1.1.2.5 采购规则

1) 知识点

企业购买原材料主料属于企业存货请购范畴。企业存货请购前应根据仓储计划、资金筹措计划、生产计划、销售计划等制定采购计划,并对存货的采购实行预算管理,合理地确定材料、在产品、产成品等存货的比例。存货的采购时机和采购批量选择应结合企业需求、市场状况、行业特征、实际情况综合考虑。具体采购时要在供应商选择、采购方式选择、验收程序及计量方法选择方面进行平衡。

首先在选择供应商方面,供应商是否为增值税一般纳税人对企业的净利润及现金流量均有影响。采购时需对这些影响进行判断。具体操作时可根据两类不同纳税人的净利润无差别点来进行选择。该无差别点计算过程具体如下:

甲公司为增值税一般纳税人,适用城建税率为7%,教育费附加为3%,所得税率为25%。商品不含税售价 S_0。现有一般纳税人供应商 A,其供应材料不含税单价为 S_1;小规模纳税人供应商 B,其供应材料的不含税单价为 S_2,在不考虑其他成本费用的情况下,不同供应商处采购,甲公司赚取的净利润值计算如下:

一般纳税人 A 处采购净利润 $L_1 = \left[(S_0 - S_1) - (S_0 - S_1) \times 17\% \times (7\% + 3\%) \right] \times (1 - 25\%)$

小规模纳税人 B 处采购净利润 $L_2 = \left[(S_0 - S_2) - S_0 \times 17\% \times (7\% + 3\%) \right] \times (1 - 25\%)$

令 $L_1 = L_2$,则计算得出 $S_1/S_2 = 1.017$

以上计算得出的 $S_1/S_2 = 1.017$,即为不同纳税人选择时的净利润无差别点值。具体应用时,当 $S_1/S_2 = 1.017$ 时,无论从一般纳税人还是从开具普通发票的小规模纳税人处采购货物,其净利润是一样的,当 $S_1/S_2 > 1.017$ 时,从小规模纳税人处采购净利润比较大,应当选择小规模纳税人;当 $S_1/S_2 < 1.017$ 时,从一般纳税人处采购净利润比较大,应当选择一般纳税人。如果在具体业务中,出现供应商的价格由不含税单价变为含税单价的情况,该无差别点值需重新计算后,再进行衡量。

其次在采购方式选择方面,企业应根据商品性质和供求情况考虑。一般物品或劳务等的采购可以采用订单采购或合同订货等方式,小额零星物品或劳务等的采购可以采用直接购买等方式。

在实际经营活动中,采购过程是制造企业生产经营活动的第一阶段。采购过程的主要任务是采购生产经营所需的各种原材料以及物料,形成企业的生产储备。在材料物资采购过程中,企业应按经济合同和结算制度的规定支付货款及采购费用(如运输费、装卸费等)。会计人员要把企业在物资采购过程中发生的各项采购支出,按照材料的品种或类别加以归集,计算材料物资采购总成本和单位成本。物资采购成本是由买价和采购费用构成的,其中,买价是销售单位开出的发票价格;采购费用包括运杂费、运输途中合理损耗、支付的各种税金、入库前整理挑选费用、大宗材料的市内运输费用和其他项目。对于买价可直接计入各种物资的采购成本;对于各种采购费用,凡是能分得清归属的,可直接计入各种物资的采购成本,不能分清归属的,可根据实际受益情况采用一定的方法分配计入各种物资的采购成本,通常是按分配标准(如重量、体积或买价等)进行分配。企业要有计划地采购材料,力求既要满足生产上的需要,又要避免过多储备而造成资金的浪费。

采购原材料相关的账务处理如下:

借:原材料——×××

应交税费——应交增值税(进项税额)

贷:银行存款(应付账款等)

2)实战规则

(1)采购

本平台中企业可以在"采购市场"采购原材料,采购时自主选择供应商、采购数量及付款方式。

运营在选择购买完原材料主料后,应尽快进行相应原材料辅料的购买,其购买同主料购买一样,也应充分考虑市场价格波动对原材料价格的影响、供应商的信誉值、纳税人规模等,以便权衡企业的采购风险和成本。在采购原材料辅料时,同样要注意查看购买信息中的供应商信息、原材料价格走势图、材料与产品配比、现金折扣条件、商业折扣条件、付款方式的选择、运费等相关信息,根据需求选择原材料辅料。

(2)产品品种与原材料配比

冰箱所需要的原材料:冰箱压缩机、冰箱辅助材料各一套。

电热水器所需要的原材料:电热水器加热材料各一套。

消毒柜所需要的原材料:消毒柜箱体、消毒柜烘干装置、消毒柜辅助材料各一套。

(3)到货

原材料采购完5天内到货,具体时间随机。

(4)折扣

企业采购原材料可获得商业折扣和现金折扣。

◇商业折扣:

采购数量满1 000套享受货款总额1%的商业折扣。

采购数量满2 000套享受货款总额1.5%的商业折扣。

采购数量满3 000套享受货款总额2%的商业折扣。

采购数量满5 000套享受货款总额2.5%的商业折扣。

◇现金折扣:

本平台中企业采取"货到付款"的方式下,如果选择一次性付款可享受现金折扣,标准为:2/10、1/20、n/30。

(5)付款方式

"付款方式"有两种,货到付款和款到发货。

　　企业信誉值 > 60 分的情况下,可以选择货到付款方式。货到付款又分为三类:

◇一次性付款:

　　30 天内付清可享受现金折扣。付款期过后 10 天内应支付滞纳金(合同总金额的 0.05%/天),每天扣减信誉值 0.2 分,直至付清货款为止。10 天后仍未付款,有 30 天违约期,应一次性支付违约金(合同总金额 30%),每天扣除信誉值 0.2 分,违约期到期日仍未支付,进入到法院程序,在法院的诉讼期内可支付相应款项(包括货款、滞纳金、违约金),如企业不支付,法院会出具最终的判决书,强制执行。

◇首三余七:

　　滞纳金计算:首付 30%,10 天内付清,超过付款期 19 天内,应支付滞纳金(合同一期金额的 0.05%/天),每天扣减信誉值 0.2 分;二期付款 70%,30 天内付清,超过付款期 10 天内,应支付滞纳金(合同总金额的 0.05%/天),每天扣除信誉值 0.2 分。

　　违约金计算:超过最终付款期限未付款的,滞纳金罚期 10 日后,按合同金额(不含税金额)的 30% 支付违约金,并加扣信誉值每天 0.2 分,不支付违约金的,进入到法院程序,在法院的诉讼期内可支付相应款项(包括货款、滞纳金、违约金),如企业不支付,法院会出具最终的判决书,强制执行。

◇首六余四:

　　滞纳金计算:首付 60%,10 天内付清,超过付款期 19 天内,应支付滞纳金(合同一期金额的 0.05%/天),每天扣减信誉值 0.2 分;二期付款 40%,30 天内付清,超过付款期 10 天内,应支付滞纳金(合同总金额的 0.05%/天),每天扣除信誉值 0.2 分。

　　违约金计算:超过最终付款期限未付款的,滞纳金罚期 10 日后,按合同金额(不含税金额)的 30% 支付违约金,并加扣信誉值每天 0.2 分,不支付违约金的,进入到法院程序,在法院的诉讼期内可支付相应款项(包括货款、滞纳金、违约金),如企业不支付,法院会出具最终的判决书,强制执行。滞纳金计算:首付 60%,10 天内付清,超过付款期 19 天内,应支付滞纳金(合同一期金额的 0.05%/天),每天扣减信誉值 0.2 分;二期付款 40%,30 天内付清,超过付款期 10 天内,应支付滞纳金(合同总金额的 0.05%/天),每天扣除信誉值 0.2 分。

　　企业信誉值≤60 的情况下,只能选择款到发货的方式。

　　(6)运费

　　采购运费分为两个部分,固定部分和变动部分。

　　固定部分与供应商所在的地区远近有关,变动部分与采购原材料数量有关。

　　(7)原材料供应商类型

　　供应商分为一般纳税人和小规模纳税人。选择不同类型的供应商可能影响企业当期缴纳的增值税额。

（8）库存

原材料库存下限为10套,生产和研发领料不可使库存低于库存下限。

多余的原材料可以按照当时的市场价格进行销售。

3.1.1.2.6　生产规则

1）知识点

企业组织产品生产属于企业短期经营决策范畴中的生产决策。所谓的生产决策是指企业在短期内,在生产领域对生产什么、生产多少及如何生产等问题要做出决策。这些决策具体包括新产品开发决策、最优产品数量和批量决策、产品工艺决策、零部件取得方式决策、剩余生产能力如何运用、亏损产品如何处理等。企业应采用科学方法对企业产品生产的成本费用进行预测,并对产品生产费用方案进行决策,建立产品生产费用预算制度,加强产品生产成本控制。

2）实战规则

企业承接了主营业务订单后,厂房、生产线、原材料、生产人员、生产线管理人员配备齐全即可投入生产。生产周期（工时）与生产线、生产人员有关。

$$生产耗用实际工时 = 生产耗用标准工时 \div 实际生产人员数量$$

$$生产耗用标准工时 = 生产数量 \times 单位耗时$$

> ❋ 说明:
>
> 1."单位耗时"（生产线信息中查看）指生产一件产品,在生产人员一人的情况下,所需耗用的天数。
>
> 2."实际生产人员数量"指企业实际投入到一条生产线上进行生产的人员数量。生产线信息中的"人数上限"指一条生产线可容纳的"生产人员"最多人数,但企业投入生产的实际生产人员数量可以低于人数上限。

3.1.1.2.7　销售规则

1）知识点

（1）一般销售商品

销售产品是企业出售自己的产品获取经济利益流入的重要营销活动。以市场营销学角度来看,产品销售涉及企业的市场竞争战略、产品策略、定价策略、分销策略及促销策略等多个方面,企业需综合应用上述战略和策略来满足市场需要,完成产品销售。具体销售时,企业应根据订单承接情况编制销售计划、制订合理的销售政策和信用管理政策、签订销售合同、进行销售发货及收款,并完成销售的会计账务处理工作,销售后期应特别关注应收账款和应收票据的管理。

企业出售原材料属于存货处置业务。企业的存货可根据企业经营的需要进行对外投资、捐赠、非货币性交易等方式处置。作为主要在生产过程或提供劳务过程中耗用的材料和辅料,出售的情形大多针对残、次、冷、背的材料。处置时对材料的处置方式、处置价格及处置价款的收回等要制定处置方案,并严格执行相关内部控制制度。

销售过程是工业企业经营过程的最后阶段,企业通过这一过程,将产品资金转化为货币资金,从而完成一次资金循环。销售有广义和狭义之分,广义的销售应包括企业与外部各单位所发生的所有买卖的经济活动,包括对外的劳务提供和对外发生的所有有形和无形资产的出售等,如对外出售产成品、对外转让无形资产和对外出售剩余的或不需要用的材料等;狭义的销售则仅指企业产品的销售。会计上作为销售业务核算的内容包括产品销售、材料销售以及无形资产转让等。产品销售收入为主营业务收入,在企业的整体收入中占有极大的比例,是企业利润的主要来源;材料销售以及无形资产转让等销售收入则称为其他业务收入。企业通过销售,一方面实现产品的价值,另一方面也是企业对投资于生产领域中资金的补偿或回收。所以在企业销售业务的会计核算过程中,确认产品销售收入和其他销售收入的实现、进行与购买单位的货款结算、计算,结转产品销售成本和其他销售成本,支付产品销售费用,计算和交纳销售税金,最后确定产品销售损益和其他销售损益,便构成了工业企业销售业务核算的主要内容。

在销售过程中,涉及的成本计算主要是主营业务成本的计算,即已销产品成本的确定。采用的计价方法主要包括先进先出法、月末一次加权平均法和移动加权平均法等。

销售业务的相关账务处理如下:

◇支付销售费用,如销售广告宣传、展览的费用、销售环节装卸等费用:

借:销售费用

　　贷:库存现金(或银行存款)

◇计算并缴纳销售税金:

计提:

借:税金及附加

　　贷:应交税费——应交城建税

　　　　应交税费——应交教育费附加

缴纳:

借:应交税费——应交城建税

　　应交税费——应交教育费附加

　　贷:银行存款

◇销售库存商品及期末结转已销商品成本:

借:应收账款(或银行存款)

　　贷:主营业务收入——××产品

　　　　应交税费——应交增值税(销项税额)

借:主营业务成本——××产品
　　贷:库存商品——××产品

注:主营业务成本可以从库存商品的数量金额账查看,不需要自己计算出库单价。

(2)非货币性交易

非货币性资产交换是一种非经常性的特殊交易行为,是交易双方主要以存货、固定资产、无形资产和长期股权投资等非货币性资产进行的交换。这里的非货币性资产是相对于货币性资产而言的。所谓货币性资产,是指企业持有的货币资金和将以固定或可确定的金额收取的资产,包括现金、银行存款、应收账款和应收票据以及准备持有至到期的债券投资等;所谓非货币性资产,是指货币性资产以外的资产,该类资产在将来为企业带来的经济利益不固定或不可确定,包括存货(如原材料、库存商品等)、长期股权投资、投资性房地产、固定资产、在建工程、无形资产等。非货币性资产交换,仅包括企业之间主要以非货币性资产形式进行的互惠转让,即企业取得一项非货币性资产,必须以付出自己拥有的非货币性资产作为代价。企业与所有者或所有者以外方面的非货币性资产非互惠转让,如以非货币性资产作为股利发放给股东,或政府无偿提供非货币性资产给企业等,或在企业合并、债务重组中取得的非货币性资产,或企业以发行股票形式取得的非货币性资产等,均不属于本书所讲的非货币性资产交换的范围。

从非货币性资产交换的概念可以看出,非货币性资产交换的交易对象主要是非货币性资产,交易中一般不涉及货币性资产,或只涉及少量货币性资产(即补价)。一般认为,如果补价占整个资产交换金额的比例低于5%,则认定所涉及的补价为"少量",该交换为非货币性资产交换;如果该比例等于或高于5%,则视为货币性资产交换。

非货币性资产交换的会计处理,视换出资产的类别不同而有所区别:

◇换出资产为存货的,应当视同存货销售处理,按照公允价值确认销售收入,同时结转销售成本,销售收入与销售成本之间的差额即换出资产公允价值与换出资产账面价值的差额,在利润表中作为营业利润的构成部分予以列示。

◇换出资产为固定资产、无形资产的,应当视同固定资产、无形资产处置处理,换出资产公允价值与换出资产账面价值的差额计入营业外收入或营业外支出。

◇换出资产为长期股权投资的,应当视同长期股权投资处置处理,换出资产公允价值与换出资产账面价值的差额计入投资收益。

非货币性资产交换涉及相关税费,如换出存货视同销售计算的增值税销项税额,换入资产作为存货、固定资产应当确认的增值税进项税额,以及换出固定资产、无形资产视同转让应交纳的税费,按照相关税收规定计算确定。

涉及补价情况下的相关账务处理。在以公允价值确定换入资产成本的情况下,发生补价的,支付补价方和收到补价方应当分别情况处理:

其一,支付补价方:应当以换出资产的公允价值加上支付的补价(或换入资产的公允价值)和应支付的相关税费作为换入资产的成本;换入资产成本与换出资产账面价值加支付的补价、应支付的相关税费之和的差额应当计入当期损益。其计算公式为:

换入资产成本 = 换出资产公允价值 + 支付的补价 + 应支付的相关税费

记入当期损益的金额 = 换入资产成本 −(换出资产账面价值 + 支付的补价 + 应支付的相关税费)

= 换出资产公允价值 − 换出资产账面价值

其二,收到补价方:应当以换入资产的公允价值(或换出资产的公允价值减去补价)和应支付的相关税费作为换入资产的成本;换入资产成本加收到的补价之和与换出资产账面价值加应支付的相关税费之和的差额应当计入当期损益。其计算公式为:

换入资产成本 = 换出资产公允价值 − 收取的补价 + 应支付的相关税费

计入当期损益的金额 =(换入资产成本 + 收到的补价)−(换出资产账面价值 + 应支付的相关税费)

= 换出资产公允价值 − 换出资产账面价值

在涉及补价的情况下,对于支付补价方而言,作为补价的货币性资产构成换入资产所放弃对价的一部分,对于收到补价方而言,作为补价的货币性资产构成换入资产的一部分。涉及的相关账务处理如下(以库存商品换入原材料为例):

取得换入资产时:

借:原材料

　　应交税费——应交增值税(进项税额)

　　　贷:主营业务收入

　　　　应交税费——应交增值税(销项税额)

　　　　银行存款(支付的补价,收到补价在借方)

结转换出资产成本时:

借:主营业务成本

　　贷:库存商品

2)实战规则

(1)一般销售商品

◇订单单价为不含税价格,平台会自动根据研发等级进行单价加成。

◇付款方式为货到付款和款到发货,货到付款的规则有三种:一次性付款、首三余七、首六余四。

◇付款天数根据订单的付款规则而有所区别。

◇订单承接后应在发货期内按时发货。应根据订单中的产品数量进行发货,禁止部分发货。发货期到期前,如果预期库存数量无法达到订单中的产品数量,可选择终止发货,合同即终止。合同终止后,应扣减信誉值(终止发货日到发货期到期日的天数 ×0.2 分),如选择款到发货的方式,应退还已收取的款项。

◇款到发货。企业根据销售订单选择结算方式,系统随机付款。企业如在收到钱后不发货,超过发货时间 20 天内,系统扣减企业的信誉值,每天 0.2 分,20 天后还未发货的,按违约处理。企业需要交纳违约金为合同总金额的 30%,违约金作为当天的待办事项,必须支付。待办事项可以申请延期,延期天数为 10 天,延期内扣除信誉值 0.3 分/天。支付违约金的同时,退回收到款项,合同终止。不退款不支付违约金的,交法院处理,法院判决后由系统自动扣除违约金和货款(诉讼费先由原告垫付,败诉者最终承担;受理日至判决日期间,继续履行合同发货及支付违约金的,法律程序终止,诉讼费还要支付),金额不足扣除的作破产处理。

◇先发货后收款,又分两种情况:

分期收款:合同签订后,企业在合同规定发货期间内先发货。

分期收款方式如下:

第一期:10 日内收 60%,第二期,30 日内收 40%。

第一期:10 日内收 30%,第二期,30 日内收 70%。

一次性收款:合同签订后,企业在合同规定发货期内先发货。超过发货时间 20 天内,系统扣减信誉值,每天 0.2 分,20 天后还未发货的,按违约处理。企业需要交纳违约金为合同总金额的 30%,违约金作为当天的待办事项,必须支付。待办事项可以申请延期,延期天数为 10 天,延期内扣减信誉值每天 0.3 分。

系统根据合同所选客户信誉值付款,客户信誉值低于 50 的,系统可随机不付款,(不付款的概率为 5%)企业做坏账处理。

(2)非货币性交易

◇本平台中企业可以进行易货贸易,用企业生产的完工产品在交易市场交换所需的原材料,但不可用原材料交换完工产品。

◇不允许用完工产品交换生产该产品的原材料。例如不可用空调交换空调的压缩机。

◇所支付的补价不能超过交换总金额(含税)的 5%(该比率为系统设置)。

◇双方结算方式为非货币资产交换,互开发票,其中一方支付补价。

3.1.1.3 主要功能界面

1)运营角色主功能界面

运营点击屏幕右上方所有信息查询按钮,进行相应信息查看(见图 3 - 2)。

2)信息查询

主功能界面右上角信息查询按钮,点击各信息查询按钮可进入财务信息、资产信息等查看界面(见图 3 - 3)。如"资产信息"—"生产线"信息。

点击右侧"简介""规则说明"可查看本平台的产品简介及平台游戏规则。如点击"规则说明"进入(见图 3 - 4)。

图 3-2 "运营角色主功能"界面

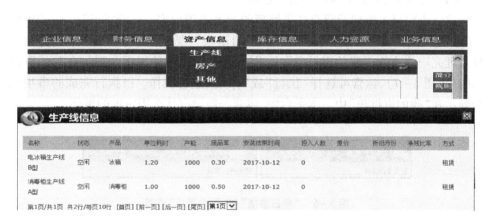

图 3-3 "信息查看"界面

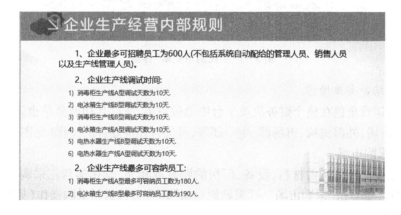

图 3-4 "企业生产经营规则"界面

3)市场资讯

财务决策平台模拟企业市场化运作,运营必须时时关注市场的变化,包括宏观经济政策、专家预测、证券市场的涨跌等,以把握企业经营的良好时机,控制企业经营风险(见图3-5)。

图3-5 "市场资讯"界面

4)今日事项、待办事项和我的审批单

这三个栏目主要列示营业必须处理的业务事项内容。运营需关注"我的审批单"和"今日事项"栏显示的事项,一般"今日事项"(见图3-6)所列事项为必须当日处理完毕的业务;"我的审批单"中,财务总监审批后的事项会列示在我的审批单内(见图3-7),运营可选择"执行"或"作废"进行操作。已执行完成的事项也会列示在"我的审批单"中。本平台中,运营一般没有什么需审批的事项。

图3-6 "今日事项"和"代办事项"界面

图3-7 "我的审批单"界面

5)主功能菜单操作

由于运营角色在整个财务决策平台中地位重要,所以其功能菜单也较多,主要有:采购市场、外部机构、市场部、生产部等,可进行相应业务的操作(见图3-8)。

(1)采购市场

企业生产经营所需材料、设备、厂房的购置或租赁,均由运营在采购市场进行对应操作。如点击"采购市场"-"采购原材料"即可进行材料采购操作(见图3-9、图3-10)。

图3-8 "运营角色主功能菜单"界面 　　　　图3-9 "采购市场"界面

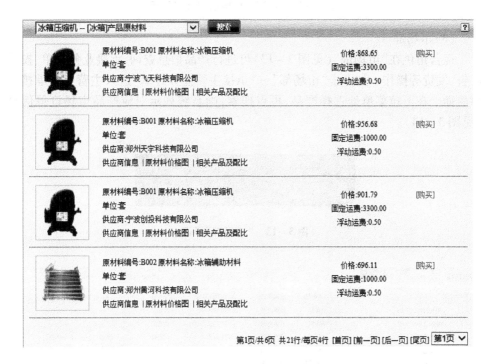

图3-10 "采购原材料"界面

（2）外部机构

运营角色对应的外部市场机构主要是政府。企业产品研发投入累计达到一定金额,需要申请高科技产业资格认证,运营前往"政府办事大厅"进行资格认证的申请(见图3-11、图3-12)。

图3-11 "外部机构"界面

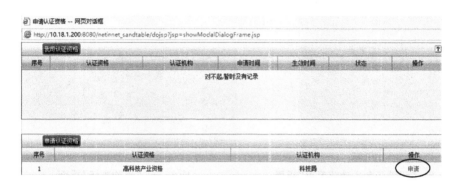

图3-12 "认证资格申请、查询"界面

(3)市场部

运营角色在"市场部"(见图3-13)可进行产品信息查询、承接业务订单、投放广告、发货等操作。如点击"市场部"—"承接主营业务订单"进入主营业务承接订单界面。在下拉菜单处选择产品,再点搜索,则系统列示对应产品市场订单信息(见图3-14)。

图3-13 "市场部"界面

序号	合同名称	合同产品	合同类型	合同所属市场	市场划分	操作
1	消毒柜订单500-01	消毒柜	普通合同	国内初级市场	一类低级	[查看订单] [客户信息]
2	消毒柜订单800-02	消毒柜	普通合同	国内初级市场	一类低级	[查看订单] [客户信息]
3	消毒柜订单600-01	消毒柜	普通合同	国内初级市场	一类高级	[查看订单] [客户信息]
4	电热水器订单200-01	电热水器	普通合同	国内初级市场	一类低级	[查看订单] [客户信息]
5	电热水器订单600-01	电热水器	普通合同	国内初级市场	一类高级	[查看订单] [客户信息]
6	电热水器订单1500-01	电热水器	普通合同	国内中级市场	二类	[查看订单] [客户信息]
7	冰箱订单800-01	冰箱	普通合同	国内初级市场	一类低级	[查看订单] [客户信息]
8	冰箱订单200-01	冰箱	普通合同	国内初级市场	一类低级	[查看订单] [客户信息]
9	冰箱订单500-01	冰箱	普通合同	国内初级市场	一类低级	[查看订单] [客户信息]
10	冰箱订单1500-01	冰箱	普通合同	国内中级市场	二类	[查看订单] [客户信息]

图3-14 "承接主营业务订单"界面

(4)生产部

主要提供生产线安装调试、迁移、产品生产、配备操作设置等的查看功能(见图3-15),具体由运营操作。

(5)物资部

运营在"物资部"(见图3-16)可进行有关车间信息、生产线、生产状态以及固定资产的管理、存货管理等操作。如点击"物资部"—"库存实盘查询"进入库存实盘查询界面,如有账实不符情况,则应进行相应的账务处理(见图3-17)。

图3-15 "生产部"界面

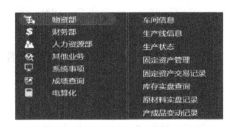

图3-16 "物资部"界面

图3-17 "库存实盘查询"界面

(6)财务部

运营在"财务部"可进行运营规划查看和原始单据查询(见图3-18、图3-19)。

图3-18 "财务部"界面

经济业务	单据名称	日期	操作
贷款单据	银行利息回单	2017-12-06	查看原始单据 | 检查凭证中引用
仓储费用	银行进账单	2017-12-15	查看原始单据 | 检查凭证中引用
仓储费用	增值税专用发票	2017-12-15	查看原始单据 | 检查凭证中引用
支付福利费	通用机打发票-国家	2017-12-15	查看原始单据 | 检查凭证中引用
支付福利费	银行进账单	2017-12-15	查看原始单据 | 检查凭证中引用
支付工会经费	行政事业单位收款票据	2017-12-15	查看原始单据 | 检查凭证中引用
支付工会经费	银行进账单	2017-12-15	查看原始单据 | 检查凭证中引用
支付职工教育费	通用机打发票-国家	2017-12-15	查看原始单据 | 检查凭证中引用
支付职工教育费	银行进账单	2017-12-15	查看原始单据 | 检查凭证中引用

图 3 – 19 "原始单据查询"界面

(7)人力资源部

主要提供运营对企业人力资源管理的操作(见图 3 – 20)。如办理员工入职、查看企业目前员工状态、招聘员工等。企业招聘入职的员工如管理人员、销售人员、研发人员等需由运营将员工迁移进入相应场所。若解聘这些员工,也应将其迁移出办公场所,方可解聘(见图 3 – 21)。

图 3 – 20 "人力资源部"界面

图 3 – 21 "人员移除解聘"界面

(8)其他业务

在本平台中,可对或有事项及突发事件事项进行操作。(见图 3 – 22、图 3 – 23)。

图 3 – 22 "其他业务"界面

序号	标题	事件类型	描述	日期	类型
1	产品质量保证	或有事项	根据我公司的产品质量保证条款，产品售出后一年内如发生质量问题，公司将负责免费维修。预计发生维修费为销售收入的1%-3%，每月末计提产品质量保证金。	2017-10-25	事件

图3-23 "或有事项查询"界面

（9）系统事项

运营在此功能菜单可进行近期应付事项、已办事项、系统消息、任务列表的查看，但不能进行稽查信息的查看，此功能只开放给会计、财务经理和财务总监。"任务列表"所列事项为当日企业任务，涉及的各角

图3-24 "系统事项查询"界面

色需在当日完成对应的任务，否则不能下班，无法进入到下一天。完成的任务事项会在右侧打"√"，表示已完成（见图3-24、图3-25、图3-26）。

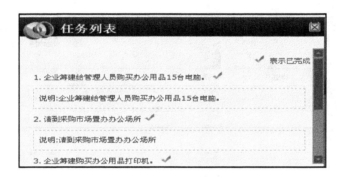

图3-25 "任务列表"查看界面

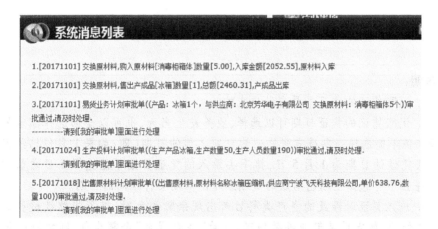

图3-26 "系统消息列表"界面

（10）电算化模块

系统的电算化模块为专门的会计账务处理模块,在此模块中各角色除财务总监、财务经理外,均需由财务经理重新进行分工,例如:财务经理可将之前的运营角色转换为会计2,主要负责销售业务的会计处理。运营点击"电算化"进入电算化界面(见图3-27),点击"凭证录入"进入记账凭证录入界面。录入凭证完成后,点击"保存",即完成一张凭证的录入。本平台自动将与该业务相关的凭证全部集中在一起,在进行会计处理时应根据业务需要进行选择,已被选择使用的原始单据将不能再用,如因选择性错误导致后期会计处理时无原始单据可用,需进行凭证修改,取消已经被选用凭证的关联性。

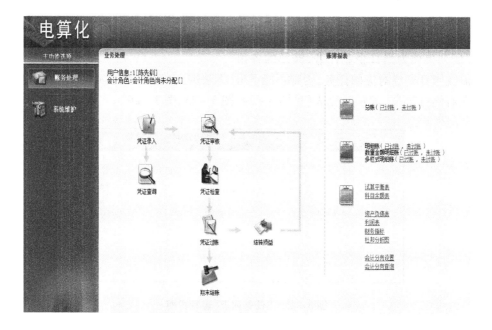

图3-27 "电算化"界面

✳ 说明:

1. 记账凭证的凭证号是自动生成的。

2. 记账凭证的凭证日期可以选择,业务发生当天,也可以全部选择期末最后一天。但不能选择当期最末张凭证的日期之前的日期(即:如果1月份已经保存的记账凭证的日期为1月5日,接下去录入的凭证日期不能选择5日之前的日期);并且不可选择上期已结账的日期或超出本期会计期间的日期。

3. 录入凭证时涉及的资产类科目若出现余额为负时,将不能继续进行该项业务的处理;如支付某笔业务款项时,导致"库存现金"余额为负,则暂停该业务的处理,调查清楚原因后对之前录入的记账凭证的时间或凭证号进行调整后再行处理。

4. 当会计科目为原材料或库存商品时,需要点选该条会计分录,在下方数量单价框输入数量,单价根据借贷方金额与数量自动换算。

5. 凭证上方提供了一列功能按钮:如拷贝、粘贴、新增、删除等,用于凭证填制中所需的功能性操作:

"插入"功能提供凭证录入时,在光标所处行的上方插入一个空行;

"新增"功能提供凭证录入时,在光标所处行的下方插入一个空行;

"删除"功能提供凭证录入时,删除光标所在行;

"拷贝"功能可复制已填制的凭证中光标所在行的全部内容,包括"摘要、科目及金额"等;

"粘贴"功能可将已拷贝复制的凭证某行的内容放置在需要粘贴的位置。

6. 模板凭证功能,提供自由维护模板凭证,每次录入凭证时可以选择已保存维护的模板凭证,进行会计分录摘要、会计科目的快速选择,之后只需要输入金额即可,大大提高录入凭证的效率。使用时,需先将该凭证保存为模板凭证日后方可调用。

7. 另存为模板凭证,对于已经录入完成的凭证可保存为模板凭证,日后在凭证录入时可直接调用。

3.1.2 财务总监岗位

3.1.2.1 工作职责

财务总监负责企业全面财务管理、月运营规划、运营操作决策审批、电子报税的审批等企业全盘财务运营的统筹。

3.1.2.2 工作规则

3.1.2.2.1 规划与预算制定规则

1) 知识点

企业初创成立后,应确立企业的远景、使命和目标,并在此基础上制定企业的发展规划,这将成为企业运营中的一种常态。企业不仅要着手设计战略规划,还要设计各个层次的运营计划及应急计划。这些均是企业战略的重要组成部分,它为确保企业的实际运营与外部环境动态变化保持协调一致,推动企业成功发展提供了具体内容和实施步骤。

作为一种社会组织,企业的运营是其基本活动。所谓运营是指一切组织将其输入转换为输出的过程,对于企业而言,将资源转换为产品或服务的生产活动则是其重要的运营活动,所以针对生产运作系统进行的运营管理就成为企业管理的重点。具体而言,运营管理就是对企业的生产运营系统的设计、运行、维护与优化过程的管理,它包括对运营活动进行的计划、组织与控制。其中运营活动的计划主要包括生产运营规划及其子计划。而生产运营规划是指为实现企业生产目标,对未来一定时期内的生产作业活动和各项资源的使用作出的统筹安排。广义生产运营规划指生产系统的建立和运营的规划。狭义生产运营是指生产系统的运行计划,是对一定时期内生产或提供的产品或服务的品种、质量、产量和进度的计划,是进行生产作业活动的纲领和依据。

在企业的总体战略和运营规划流程明确后,企业应重视发挥财务管理作用,将有限的资源优化配置,创造更大的企业价值。所以还应制定相应投资筹资规划和实施预算管理。

投筹资规划是企业主体为平衡资金需求和提高资金运用效益,根据企业的生存和发展对未来企业资金筹措及资金运用做出的统筹安排。该规划要求对企业的投资和筹资两类活动进行预先筹划,以期实现未来资金的优化配置。其中投资活动是指企业以自有的资产投入,承担相应的风险,以期合法地取得更多的资产或权益的一种经营活动;而筹资活动是指企业从自身生产经营现状及资金运用情况出发,根据企业未来经营与发展策略的需要,通过一定的渠道和方式,向企业的投资者及债权人筹集生产经营所需资金的一种经营活动。

在实施预算管理中,新创企业尤其要关注缺乏流动性带来的风险和经营困境。流动性是指有足够的手段偿付眼前的购买支出以及到期债务,无流动性通常是指拥有足够的财富购买或清偿债务,但没有手段立即支付。所以为了避免无流动性引发的企业经营失败,企业需要仔细预测现金的流入和流出,而这样的计划被称之为现金预算。

2)实战规则

平台要求财务总监进行的规划制定主要是指完成以下四方面的内容:生产运营规划、投资筹资规划、现金预算、规划描述。本平台生产运营规划需要完成以下八个子计划制定,分别是原材料购买计划、生产投料计划、承接订单计划、人员招聘计划、研发计划、广告投放计划、其他业务计划以及出售原材料计划。本平台投资筹资规划需要完成以下八个子计划制定,分别是投资生产线(购买)计划、投资生产线(租赁)计划、投资房产计划(购买)、投资房产计划(租赁)、投资债券计划、短期贷款计划、抵押贷款计划和委托贷款计划。

财务总监在遵守平台规则的基础上,根据所掌握的市场资讯、公司现状(如资金状况)、长期发展规划来制定初始运营月的运营规划。在生产运营规划制定时,首先选择要生产的产品,根据以销定产的原则决定订单承接计划,再确定生产数量。根据生产数量制定原材料采购及投料计划,并关注原材料库存数量。如果想接更多更大的订单,可以考虑投入广告费。如果想要提升产品质量,从而赢得更多的市场和销售优势,可以进行研发投入。如果想要扩大经营范围,做其他业务,也可以在这个方面规划。

财务总监在投资规划制定时,要根据运营规划已选定的生产产品品种、数量来选择要投资的生产线和房产,其中生产线的选择要结合产能标准和废品率进行考虑,房产的选择要结合生产线占用面积的大小和雇用的员工人数进行考虑(具体可参考系统规则雇用员工人数占地面积的规定)。生产线、房产和其他资产选择采用购买或租赁方式,要结合公司现金流和财务风险等因素进行决策。另外选择研发投入可以提高产品价格;选择进行国债、股票和委托贷款等投资活动,可以提高资金使用效益。筹资规划的制定需要结合上述投资规划和公司信誉值进行综合考虑。

财务总监在现金预算制定时,要根据已经完成的生产运营规划,对现金的收入、现金支出、现金的余缺及未来现金的筹集和运用这四个方面进行计划和安排,保证企业有良好的流动性。

规划描述是对规划主要内容和未尽事宜进行的文字描述。

3.1.2.2.2 或有事项规则

1)知识点

或有事项,是指过去的交易或者事项形成的,其结果须由某些未来事件的发生或不发生才能决定的不确定事项。或有事项指过去的交易或事项形成的一种状况,其结果须通过未来不确定事项的发生或不发生予以证实。常见的或有事项主要包括:未决诉讼或仲裁、债务担保、产品质量保证(含产品安全保证)、承诺、亏损合同、重组义务、环境污染整治等。

本平台在经营过程中主要涉及的或有事项是产品质量保证和未决诉讼,下面主要介绍产品质量保证金业务。

产品质量保证,通常指销售商或制造商在销售产品或提供劳务后,对客户提供服务的一种承诺。在约定期内(或终身保修),若产品或劳务在正常使用过程中出现质量或与之相关的其他属于正常范围的问题,企业负有更换产品、免费或只收成本价进行修理等责任。按照权责发生制的要求,上述相关支出符合确认条件就应在收入实现时确认相关预计负债。

在对产品质量保证确认预计负债时,需要注意的是:

◇如果发现保证费用的实际发生额与预计数相差较大,应及时对预计比例进行调整;

◇如果企业针对特定批次产品确认预计负债,则在保修期结束时,应将"预计负债——产品质量保证"余额冲销,同时冲销销售费用;

◇已对其确认预计负债的产品,如企业不再生产了,那么应在相应的产品质量保证期满后,将"预计负债——产品质量保证"余额冲销,同时冲销销售费用。

产品质量保证业务的相关账务处理如下:

(1)确认与产品质量保证有关的预计负债

借:销售费用——产品质量保证

    贷:预计负责——产品质量保证

(2)根据每个季度末系统自动产生的支付质量保证金单据

借:预计负债——质量保证金

　　销售费用(当预提的质量保证金＜实际支付的质量保证金)

　　贷:银行存款

2)实战规则

本平台中企业需按月收入额的一定预提比例预提产品质量保证金,计入预计负债。

本平台中企业在经营过程中,可能会遇到未决诉讼,在资产负债表日,应根据律师意见判断是否计入预计负债,根据法院判决书,做相关账务处理。诉讼过程中会产生受理费用每次500元,诉讼费用根据诉讼金额的1%计算。

3.1.2.2.3　财务指标分析规则

1)知识点

财务分析是以企业财务报表为主要信息,并结合其他信息来源,对企业当前的状况做出综合评价,对未来发展趋势做出预测,从而帮助报表使用者改善管理并优化决策的一种专门技术。财务分析是评价企业财务状况、衡量经营业绩的重要依据,是挖掘潜力、改进工作,实现理财目标的重要手段,是合理实施投资决策的重要步骤。

财务指标分析是指总结和评价企业财务状况与经营成果的分析指标,包括偿债能力指标、运营能力指标、获利能力指标和发展能力指标,四者是相辅相成的关系。财务分析信息的需求者主要包括企业投资者、债权人、经营管理者和政府等。不同主体的利益视角不同,对财务分析的目的和侧重点也不一样。

财务决策平台系统设计计算的财务指标主要涉及三个方面的10个重要指标,它们分别是:

(1)偿债能力分析

偿债能力是指企业偿还到期债务(包括本息)的能力。偿债能力分析包括短期偿债能力分析和长期偿债能力分析。

短期偿债能力是指企业流动资产对流动负债及时足额偿还的保证程度,是衡量企业当前财务能力,特别是流动资产变现能力的重要标志。

企业短期偿债能力分析主要采用比率分析法,衡量指标主要有流动比率、速动比率和现金流动负债率。

◇流动比率:

流动比率是流动资产与流动负债的比率,表示企业每元流动负债有多少流动资产作为偿还的保证,反映了企业的流动资产偿还流动负债的能力。其计算公式为:

$$流动比率 = 流动资产 \div 流动负债$$

一般情况下,流动比率越高,反映企业短期偿债能力越强,因为该比率越高,不仅反映企业拥有较多的营运资金抵偿短期债务,而且表明企业可以变现的资产数额较大,债权人的风险越小。但是,过高的流动比率并不均是好现象。

从理论上讲,流动比率维持在 2:1 是比较合理的。但是,由于行业性质不同,流动比率的实际标准也不同。所以,在分析流动比率时,应将其与同行业平均流动比率,本企业历史的流动比率进行比较,才能得出合理的结论。

◇速动比率:

速动比率,又称酸性测试比率,是企业速动资产与流动负债的比率。其计算公式为:

$$速动比率 = 速动资产 \div 流动负债$$

其中:

$$速动资产 = 流动资产 - 存货$$

或:

$$速动资产 = 流动资产 - 存货 - 预付账款 - 待摊费用$$

计算速动比率时,流动资产中扣除存货,是因为存货在流动资产中变现速度较慢,有些存货可能滞销,无法变现。至于预付账款和待摊费用根本不具有变现能力,只是减少企业未来的现金流出量,所以理论上也应加以剔除,但实务中,由于它们在流动资产中所占的比重较小,计算速动资产时也可以不扣除。

传统经验认为,速动比率维持在 1:1 较为正常,这表明企业的每 1 元流动负债就有 1 元易于变现的流动资产来抵偿,短期偿债能力有可靠的保证。

速动比率过低,企业的短期偿债风险较大,速动比率过高,企业在速动资产上占用资金过多,会增加企业投资的机会成本。但以上评判标准并不是绝对的。

◇现金流动负债比率:

现金流动负债比率是企业一定时期的经营现金净流量与流动负债的比率,它可以从现金流量角度来反映企业当期偿付短期负债的能力。其计算公式为:

$$现金流动负债比率 = 年经营现金净流量 \div 年末流动负债$$

上式中,年经营现金净流量指一定时期内,由企业经营活动所产生的现金及现金等价物的流入量与流出量的差额。

该指标是从现金流入和流出的动态角度对企业实际偿债能力进行考察。用该指标评价企业偿债能力更为谨慎。该指标较大,表明企业经营活动产生的现金净流量较多,能够保障企业按时偿还到期债务。但也不是越大越好,太大则表示企业流动资金利用不充分,收益能力不强。

长期偿债能力是指企业偿还长期负债的能力。它的大小是反映企业财务状况稳定与否及安全程度高低的重要标志。其分析指标主要有四项:资产负债率、权益乘数、负债与有形净资产比率、利息保障倍数。

◇资产负债率:

资产负债率又称负债比率,是企业的负债总额与资产总额的比率。它表示企业资产总额中,债权人提供资金所占的比重,以及企业资产对债权人权益的保障程度。其计算公式为：

$$资产负债率 = (负债总额 \div 资产总额) \times 100\%$$

资产负债率高低对企业的债权人和所有者具有不同的意义。债权人希望负债比率越低越好,此时,其债权的保障程度就越高。对所有者而言,最关心的是投入资本的收益率,只要企业的总资产收益率高于借款的利息率,举债越多,即负债比率越大,所有者的投资收益越大。

一般情况下,企业负债经营规模应控制在一个合理的水平,负债比重应掌握在一定的标准内。

◇权益乘数:

权益乘数又称股本乘数,是指资产总额相当于股东权益的倍数。权益乘数越大表明所有者投入企业的资本占全部资产的比重越小,企业负债的程度越高;反之,该比率越小,表明所有者投入企业的资本占全部资产的比重越大,企业的负债程度越低,债权人权益受保护的程度越高。

$$权益乘数 = 资产总额/股东权益总额 = 1/(1 - 资产负债率)$$

权益乘数较大,表明企业负债较多,一般会导致企业财务杠杆较高,财务风险较大,在企业管理中就必须寻求一个最优资本结构,从而实现企业价值最大化。当借入资本成本率小于企业的资产报酬率时,借入资金首先会产生避税效应(债务利息税前扣除),同时财务杠杆扩大,使企业价值随债务增加而增加。但财务杠杆扩大也使企业的破产可能性上升,而破产风险又会使企业价值下降等等。

权益乘数,代表企业所有可供运用的总资产是业主权益的几倍。权益乘数越大,代表公司向外融资的财务杠杆倍数也越大,公司将承担较大的风险。但是,若公司营运状况刚好处于向上趋势中,较高的权益乘数反而可以创造更高的公司获利,透过提高公司的股东权益报酬率,对公司的股票价值产生正面激励效果。

◇负债与有形净资产比率:

负债与有形净资产比率是负债总额与有形净资产的比例关系,表示企业有形净资产对债权人权益的保障程度,其计算公式为:

$$负债与有形净资产比率 = (负债总额 \div 有形净资产) \times 100\%$$
$$有形净资产 = 所有者权益 - 无形资产 - 递延资产$$

企业的无形资产、递延资产等一般难以作为偿债的保证,从净资产中将其剔除,可以更合理地衡量企业清算时对债权人权益的保障程度。该比率越低,表明企业长期偿债能力越强。

◇利息保障倍数:

利息保障倍数又称为已获利息倍数,是企业息税前利润与利息费用的比率,是衡量企业偿付负债利息能力的指标。其计算公式为:

$$利息保障倍数 = 息税前利润 \div 利息费用$$

上式中,利息费用是指本期发生的全部应付利息,包括流动负债的利息费用,长期负债中进入损益的利息费用以及进入固定资产原价中的资本化利息。

利息保障倍数越高,说明企业支付利息费用的能力越强,该比率越低,说明企业难以保证用经营所得来及时足额地支付负债利息。因此,它是企业是否举债经营,衡量其偿债能力强弱的主要指标。

若要合理地确定企业的利息保障倍数,需将该指标与其他企业,特别是同行业平均水平进行比较。根据稳健原则,应以指标最低年份的数据作为参照物。但是,一般情况下,利息保障倍数不能低于1。

(2)营运能力分析

营运能力分析是指通过计算企业资金周转的有关指标分析其资产利用的效率,是对企业管理层管理水平和资产运用能力的分析。

◇应收款项周转率:

应收款项周转率也称应收款项周转次数,是一定时期内商品或产品主营业务收入净额与应收款项平均余额的比值,是反映应收款项周转速度的一项指标。其计算公式为:

应收款项周转率(次数) = 主营业务收入净额 ÷ 应收账款平均余额

其中:

主营业务收入净额 = 主营业务收入 − 销售折让与折扣

应收账款平均余额 = (应收款项年初数 + 应收款项年末数) ÷ 2

应收款项周转天数 = 360 ÷ 应收账款周转率 = (应收账款平均余额 × 360) ÷ 主营业务收入净额

应收账款包括"应收账款净额"和"应收票据"等全部赊销账款。应收账款净额是指扣除坏账准备后的余额,应收票据如果已向银行办理了贴现手续,则不应包括在应收账款余额内。

应收账款周转率反映了企业应收账款变现速度的快慢及管理效率的高低,该指标越高表明:①收账迅速,账龄较短;②资产流动性强,短期偿债能力强;③可以减少收账费用和坏账损失,从而相对增加企业流动资产的投资收益。同时借助应收账款周转期与企业信用期限的比较,还可以评价购买单位的信用程度,以及企业原订的信用条件是否适当。

但是,在评价一个企业应收款项周转率是否合理时,应与同行业的平均水平相比较而定。

◇存货周转率:

存货周转率也称存货周转次数,是企业一定时期内的营业成本与平均存货的比率,它是反映企业的存货周转速度和销货能力的一项指标,也是衡量企业生产经营中存货营运效率的一项综合性指标。其计算公式为:

存货周转率(次数) = 营业成本 ÷ 平均存货

平均存货 = (存货年初数 + 存货年末数) ÷ 2

存货周转天数 = 360 ÷ 存货周转率 = (平均存货 × 360) ÷ 营业成本

存货周转速度快慢,不仅反映出企业采购、生产、销售各环节管理工作状况的好坏,而且对企业的偿债能力及获利能力产生决定性的影响。一般来说,存货周转率越高越好,存货周转率越高,表明其变现的速度越快,周转额越大,资金占用水平越低。存货占用水平低,存货积压的风险就越小,企业的变现能力以及资金使用效率就越好。但是存货周转率分析中,应注意剔除存货计价方法不同所产生的影响。

◇固定资产周转率:

固定资产周转率是指企业主营业务收入净额与固定资产平均净值的比率。它是反映企业固定资产周转情况,衡量固定资产利用效率的一项指标。其计算公式为:

固定资产周转率 = 主营业务收入净额÷固定资产平均净值

固定资产平均净值 = (期初固定资产净值 + 期末固定资产净值)÷2

固定资产周转率高,不仅表明了企业充分利用了固定资产,同时也表明企业固定资产投资得当,固定资产结构合理,能够充分发挥其效率。反之,固定资产周转率低,表明固定资产使用效率不高,提供的生产成果不多,企业的营运能力欠佳。

◇总资产周转率:

总资产周转率是企业营业收入与平均总资产的比率。它可以用来反映企业全部资产的利用效率。其计算公式为:

总资产周转率 = 营业收入÷平均总资产

平均总资产 = (期初资产总额 + 期末资产总额)÷2

资产平均占用额应按分析期的不同分别加以确定,并应当与分子的营业收入在时间上保持一致。

总资产周转率反映了企业全部资产的使用效率。该周转率高,说明全部资产的经营效率高,取得的收入多;该周转率低,说明全部资产的经营效率低,取得的收入少,最终会影响企业的盈利能力。企业应采取各项措施来提高企业的资产利用程度,如提高销售收入或处理多余的资产。

在实际分析该指标时,应剔除某些因素的影响。一方面,固定资产的净值随着折旧计提而逐渐减少,因固定资产更新,净值会突然增加。另一方面,由于折旧方法不同,固定资产净值缺乏可比性。

(3)获利能力分析

获利能力又称盈利能力,是指企业赚取利润的能力,是企业重要的财务能力之一。无论投资者、债权人、经营者,都非常重视和关心企业的获利能力。利润的源头是收入,利润取得的基础是资产,资产取得首先要融资。因此,可从收入、资产、融资三个方面对企业的获利能力进行评价。

首先是与收入相关的获利能力指标,主要以营业收入为基础计算,通过利润表中各项目与营业收入的比较,求得单位营业收入的获利水平。

◇营业利润率：

营业利润率是企业一定时期营业利润与营业收入的比例,体现每 1 元的营业收入能够为企业带来多少营业利润,其计算公式为：

营业利润率 = 营业利润 ÷ 营业收入 × 100%

营业利润是企业利润的主要来源,决定了企业的获利水平、获利的稳定性和持久性。营业利润率越高,表明企业市场竞争力越强,获利能力越强。

◇销售净利率：

销售净利率是净利润与营业收入的比例,该指标可衡量企业营业收入的盈利能力,即每 1 元的营业收入中所获取的净利润。其计算公式为：

销售净利率 = 净利润 ÷ 营业收入 × 100%

其次是与资产相关的获利能力指标,常用的是资产净利率。

资产净利率是企业净利润与平均资产总额的比率,反映的是企业运用全部资产所获得利润的水平,即公司每占用 1 元的资产平均能获得多少元的利润。该指标越高,表明公司投入产出水平越高,资产运营越有效,成本费用的控制水平越高,体现企业管理水平的高低。其计算公式为：

资产净利率 = 净利润 ÷ 资产平均总额

资产净利率越高,表明企业资产利用的效率越好,整个企业盈利能力越强,经营管理水平越高。考察资产净利润率时,应关注企业的债务利息率。当企业的资产利润率大于债务利息率时,说明公司所借债务为盈利做了贡献,相反时则表明由每 1 元的债务所产生的收益还不足以弥补这 1 元所给企业所带来的利息支出。

最后是与融资相关的获利能力指标,反映投资者投资的获利能力,主要有权益净利率、每股收益、市盈率等。

权益净利率亦称净值报酬率或净资产收益率,它是指企业一定时期内的净利润与平均净资产的比率。它可以反映投资者投入企业的自有资本获取净收益的能力,即反映投资与报酬的关系,因而是评价企业资本经营效率的核心指标。其计算公式为：

权益净利率 = 净利润 ÷ 平均净资产 × 100%

净利润是指企业的税后利润,是未作分配前的数额。

平均净资产是企业年初所有者权益与年末所有者权益的平均数,平均净资产 = (所有者权益年初数 + 所有者权益年末数) ÷ 2。

2) 实战规则

财务决策平台中,根据企业资产负债表、利润表及企业运营的相关数据,系统自动取数计算,生成三大财务指标中的十大指标以及杜邦分析图,供企业报表使用者以及企业经营管理人员分析、决策时的参考。

每个职位都可以在主功能界面中点击"电算化"进入电算化界面,在账簿报表中,点击"财务指标"(见图3－28)或"杜邦分析图"(见图3－29)即可查看。

3.1.2.3 主功能界面介绍

1)财务总监主功能界面

财务总监点击屏幕右上方所有信息查询按钮,进行相应信息查看(见图3－30)。

2017-10-31 财务指标	
一.短期偿债能力指标	
1.流动比率	1.2731
2.速动比率	0.6918
二.长期偿债能力指标	
1.资产负债率	0.7810
2.权益乘数	4.5656
三.营运能力指标	
1.应收账款周转天数	0.0000
2.存货周转天数	517.8037
3.资产周转天数	2732.9551
四.盈利能力比率	
1.销售净利率	-1.4900
2.资产净利率	-0.1652
3.权益净利率	-0.7542

图3－28 "财务指标"界面

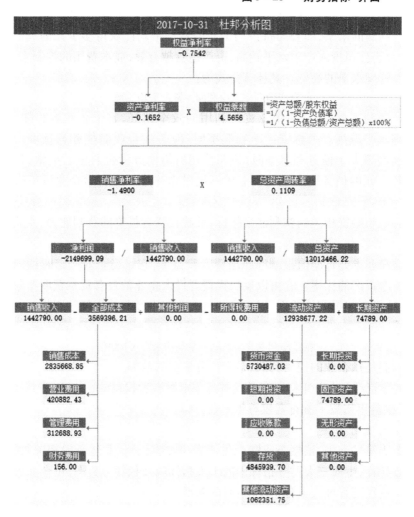

图3－29 "杜邦分析图"界面

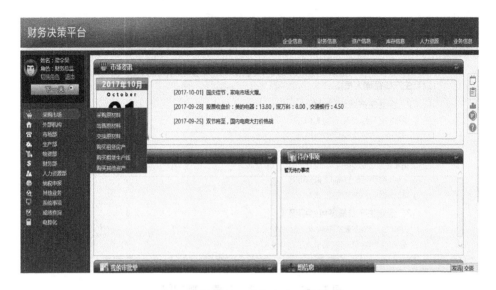

图 3 - 30 "财务总监角色主功能"界面

2)信息查询

在财务总监角色主功能界面右上角信息查询按钮,点击各信息查询按钮可进入财务信息、资产信息等查看界面。如"资产信息"—"生产线信息"(见图 3 - 31)。

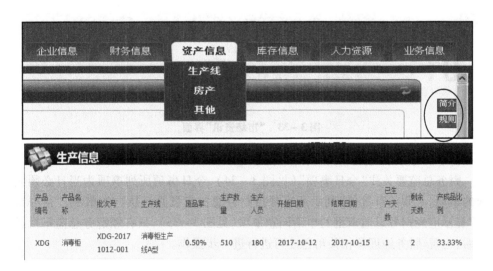

图 3 - 31 "信息查看"界面

点击右侧"简介""规则说明"可查看本平台的产品简介及平台游戏规则。如点击"规则说明"进入如下界面(见图 3 - 32)。

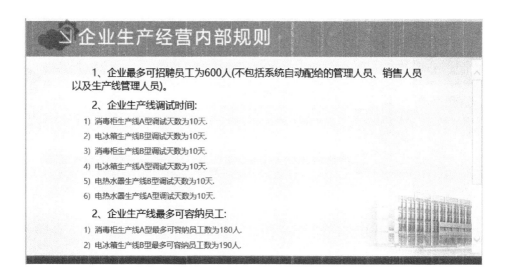

图 3 – 32 "企业生产经营规则"界面

3) 市场资讯

财务决策平台模拟企业市场化运作,财务总监必须要时时关注市场的变化,包括宏观经济政策、专家预测、证券市场的涨跌等,把握企业经营的良好时机,审时度势,制定切实可行的符合市场运作的企业规划,控制企业经营风险(见图 3 – 33)。

图 3 – 33 "市场资讯"界面

4) 今日事项、待办事项和我的审批单

财务总监要关注"今日事项"(见图 3 – 34),今日事项所列事项为当日必须完成的事项。"我的审批单"列示所有经过财务总监审批并已执行的事项;"待办事项"显示应经财务总监审批的申请同意事项(见图 3 – 35),只有经财务总监审批通过后,运营、财务经理等相关角色才可进行进一步操作。

图 3 – 34 "今日事项"界面

暂无待办事项

图3-35 "待办事项"界面

5)主功能菜单

财务总监角色的功能菜单较多,包括采购市场、外部机构、市场部等11个。在处理不同事项时选择不同的菜单功能(见图3-36)。

(1)下班操作

财务决策平台中,只有财务总监可以选择一次下2天或两天以上的班,可加速运作的时间。财务总监点击"下一天"右侧的下拉按钮 ,可以选择一次下几天班(见图3-37),其他角色完成当天任务,点击"下班",最后由财务总监来结束当天任务,执行进入下一天,或一次下几天班的操作。一次下班几天时,若中间有需操作的事项系统会提示,并不能继续下班,需按提示操作完成后方可下班。

(2)采购市场

财务总监在"采购市场"上可以查看企业生产产品需采购的材料、厂房、生产线等的市场行情(见图3-38),具体操行则由运营完成。

图3-36 "财务总监主功能菜单"界面

图3-37 "下班"界面

图3-38 "采购市场"界面

如点击"采购市场"—"购买租赁生产线"进入查询界面,选择企业生产的产品,点"搜索",则显示该产品对应的生产线的详细信息,以便财务总监进行企业运营规划的制订(见图3-39)。

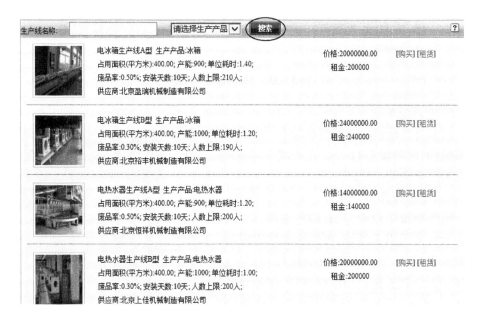

图 3 - 39 "搜索采购信息"界面

(3)外部机构

财务总监对应的外部机构主要有银行、政府办事大厅、税务局等,提供对应业务的查询(见图 3 - 40)。

图 3 - 40 "外部机构"界面

如点击"外部机构"—"政府办事大厅",可进行申请认证资格(见图 3 - 41)。

图 3 - 41 "查询工商管理局信息"界面

(4)市场部

主要提供产品信息、承接的主营业务订单、合同清单及发货的查询功能(见图3-42)。

图3-42 "市场部"界面

如点击"市场部"-"产品信息查询"进入信息查询界面,列示企业可生产的产品的信息(见图3-43),并可查看各种产品的价格趋势图(见图3-44)。

产品编号	产品名称	原材料配比	操作
XDG	消毒柜	1套消毒柜箱体,1套消毒柜烘干装置,1套消毒柜辅助材料	产品价格图
BX	冰箱	1套冰箱辅助材料,1套冰箱压缩机	产品价格图
DRSQ	电热水器	1套电热水器加热材料,1套电热水器辅助材料	产品价格图

第1页/共1页 共3行/每页20行 [首页][前一页][后一页][尾页] 第1页

图3-43 "查询产品信息"界面

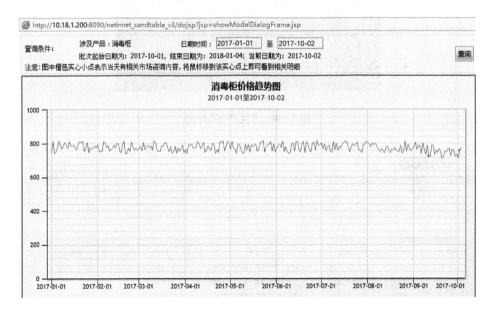

图3-44 "查看价格趋势"界面

"投放广告费"的操作:企业是否要投放广告、投放多少、投放于什么产品市场,需由财务总监进行规划决策时制订计划,然后由运营执行。在此界面总监可查看到企业投放广告费的历史记录(图3-45)。

已投广告费	产品	当前市场	下一市场	距下一市场差额		操作
0.00	消毒柜	国内初级市场(一类低级)	国内初级市场(一类高级)	350000.00		投入广告费
0.00	冰箱	国内初级市场(一类低级)	国内初级市场(一类高级)	600000.00		投入广告费
0.00	电热水器	国内初级市场(一类低级)	国内初级市场(一类高级)	700000.00		投入广告费

投放广告费历史记录

序号	投放产品	投放时间	金额(¥)	备注	状态	操作
			对不起,暂时没有记录			

图3-45 "投放广告费"界面

(5)生产部

主要提供生产线安装调试、迁移、产品生产、配备操作设置等的查看功能(见图3-46),具体由运营操作。研发投入需由财务总监于进行规划决策时制订计划,然后由运营执行。在此可进行研发效果和产品研发历史记录的查询(见图3-47)。

图3-46 "生产部"界面

投放产品研发费用						
序号	产品名称	当前研发级别	投放研发人员数量	累计投入研发费用	研发效果	操作
1	消毒柜	未到达	1	250297.10	研发效果查询	投入研发
2	冰箱	未到达	1	0.00	研发效果查询	投入研发
	每月的15号之前才能投入研发,每月的20号之后才能终止研发。					
	研发一旦中止,当年度不能再次投入。研发项目已经完成并形成无形资产的,不需继续投入。					

产品研发历史记录					
序号	产品	日期	内容	金额	操作
1	消毒柜	2017-12-01	研发人员11月累计投入1人薪酬	6316.00	
2	消毒柜	2017-11-01	研发人员10月累计投入1人薪酬	6316.00	
3	消毒柜	2017-10-14	投入原材料配比500套,人员1人	237665.10	查看领料单

图3-47 "产品研发效果查询"界面

（6）物资部

提供财务总监对企业固定资产管理、原材料、产品库存、生产线状态等信息的查看功能（见图3-48）。

图3-48 "物资部"界面

如点击"物资部"—"产品变动记录"进入产品变动记录界面，选择要查询的产品及查询的时间，点击"查询"按钮，即可查看对应的产品入库、出库及结余的数量信息（见图3-49）。

产品 消毒柜 ∨			查询年月：2017 ∨ 年 10 ∨ 月		查询

2017 年 10 月

产品库存变动记录							
日期		产品		入库	出库	余额	
月	日	产品编号	产品名称	数量	数量	数量	
10	01		期初余额			0	
10	15	XDG	消毒柜	508		508	
10	16	XDG	消毒柜	100		608	
10	16	XDG	消毒柜		500	108	
10	31		本期合计	608	500	108	

采用加权平均法计算成本　　　　　　　　　　第1页/共1页 共3行/每页100000行 [首页][前一页][后一页][尾页] 第1页∨

图3-49 "产品库存变动记录查询"界面

（7）财务部

提供运营规划、筹资投资业务交易记录、原始单据的查询功能（见图3-50）。筹资投资业务执行主要由财务经理进行操作。

图3-50 "财务部"界面

（8）人力资源部

提供企业员工招聘、流动、入职等状态的查询功能。具体操作由运营按运营规划执行（见图3-51）。

图 3 – 51　"人力资源部"界面

(9)纳税申报

提供企业纳税申报审批功能(见图 3 – 52)。次月初(1 ~ 15 日)由会计填写纳税申报表(国税、地税),提交财务总监审批申报。点击"网上申报国税"进入申报界面,选择申报的时间,进入审批界面。此处还可查看国税申报历史记录(见图 3 – 53)。

图 3 – 52　"纳税申报"界面

序号	申报项目	申报表	操作
1	增值税纳税申报表(适用于增值税一般纳税人)-国税	增值税纳税申报表	月申报
2	企业所得税月(季)度预缴纳税申报表(A类)-国税	企业所得税(季)申报表	季申报
3	企业所得税年度纳税申报表(A类)-国税	企业所得税(年)申报表	年申报

"申报时,申报表中主表和每个附表均需进行保存动作

国税报税历史记录

序号	报税项目	报税时间	报税金额	审批状态	操作
1	国税增值税报税	20171215	0.00	未提交	查看　修改　删除　审批提交　查看回单
2	国税增值税报税	20171101	0.00	已纳税申报	查看　查看回单

图 3 – 53　"国税申报历史记录查询"界面

(10)其他业务

提供企业或有事项记录查询(见图 3 – 54)。

图 3 – 54　"其他业务"界面

如点击"其他业务"—"或有事项及突发事项"打开或有事项记录界面,即可进入查看(见图 3 – 55)。

序号	标题	事件类型	描述	日期	类型
1	产品质量保证	或有事项	根据我公司的产品质量保证条款,产品售出后一年内如发生质量问题,公司将负责免费维修。预计发生维修费为销售收入的1%-3%。每月末计提产品质量保证金。	2017-10-25	事件

图 3 – 55 "或有事项及突发事件查询"界面

(11)系统信息

在此功能菜单可进行近期应付事项、已办事项、系统消息、任务列表的查看。"任务列表"所列事项为当日企业任务,涉及的各角色需在当日完成对应的任务,否则不能下班,无法进入到下一天。完成的任务事项会在右侧打"√",表示已完成。财务总监要关注"我的审批单",所有需审批的事项都会列示在"我的审批单"和"待办事项"内,财务总监应及时进行审批处理(图 3 – 56)。

图 3 – 56 "系统事项"界面

(12)电算化模块

财务总监点击"电算化",进入电算化界面(见图 3 – 57)。

图 3 – 57 "电算化"界面

电算化模块中财务总监主要负责直接录入无原始单据凭证和录入稽核原始单据凭证,进行成本计算、产品出库、入库成本结转的核算等。

◇直接录入,无原始凭证:

财务总监点击"直接录入,无原始凭证",可跳过原始单据选择页面进入记账凭证录入界面(见图3-58)。

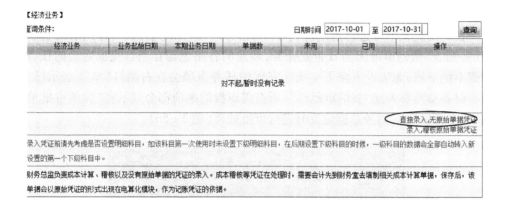

图3-58 "直接录入,无原始凭证"界面

◇录入,稽核原始单据凭证:

针对月末成本计算等需要在月末进行统计的经济业务,财务总监点击"录入,稽核原始单据凭证"(见图3-59)进入原始单据选择界面(见图3-60),选择经济业务类型,点击"查询",可查询当期对应核算需要附带的原始单据,点击"录入记账凭证",进入录入记账凭证界面即可录入凭证。

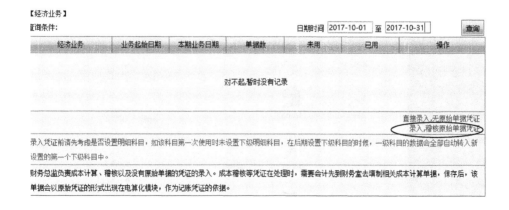

图3-59 "录入,稽核原始单据凭证"界面

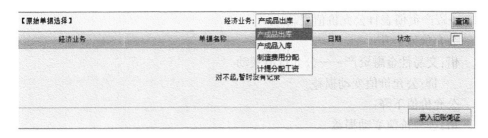

图 3 - 60 "录入,稽核原始单据凭证选择"界面

3.1.3 财务经理岗位

3.1.3.1 工作职责

财务经理负责分配会计岗位;企业日常业务付款审批;股票、委托贷款、短期贷款等投资筹资业务;会计凭证审核、过账、结转损益、出具财务报表等电算化业务的处理。

3.1.3.2 工作规则

3.1.3.2.1 金融资产投资规则

1) 知识点

金融资产是单位和个人所拥有的以价值形态存在的资产。企业结合自己的业务特点、投资策略和风险管理要求,将取得的金融资产在初始确认时划分为以下几类:①以公允价值计量且其变动计入当期损益的金融资产;②持有至到期投资;③贷款和应收款项;④可供出售的金融资产。金融资产的分类一旦确定,不得随意改变。

本平台中涉及的金融资产只有股票投资。会计核算时应遵行《企业会计准则第22号——金融工具确认和计量》的规定。

在财务决策平台中,投资股票的目的如果是为了近期内出售,应当在初始投资的时候划分为交易性金融资产。

◇取得交易性金融资产时:

借:交易性金融资产——成本(公允价值)

　　投资收益(发生的交易费用)

　　应收股利(已宣告但尚未发放的现金股利)

　　应收利息(实际支付的款项中含有的利息)

　　贷:银行存款等

◇持有期间的股利或利息处理:

借:应收股利(被投资单位宣告发放的现金股利×投资持股比例)

　　应收利息(资产负债表日计算的应收利息)

　　贷:投资收益

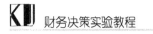
◇资产负债表日公允价值变动:

公允价值上升:

借:交易性金融资产——公允价值变动

　　贷:公允价值变动损益

公允价值下降:

借:公允价值变动损益

　　贷:交易性金融资产——公允价值变动

◇出售交易性金融资产:

借:银行存款(价款扣除手续费)

　　贷:交易性金融资产——成本

　　　　交易性金融资产——公允价值变动

　　　　投资收益(差额,也可能在借方)

同时:

借:公允价值变动损益(原计入该金融资产的公允价值变动)

　　贷:投资收益

或:

借:投资收益

　　贷:公允价值变动损益

2)实战规则

股票投资上限为 10 万手,每手 100 股。

股票在月初才可购买,购买与卖出时间在财务总监界面提醒,购买与卖出信息在财务经理界面会提示。

资产负债表日需调整公允价值变动损益。

3.1.3.2.2　筹资规则

1)知识点

本平台中涉及的筹资主要有短期贷款、按揭贷款。

(1)短期贷款

涉及举债筹资业务的会计核算主要有:取得贷款、支付贷款所需综合费用、支付贷款利息、归还贷款本息以及借款当月月末涉及借款合同印花税的计算。

企业借入短期借款,按照贷款合同会计处理如下:

◇取得短期借款:

借:银行存款

　　贷:短期借款

◇支付借款相关手续费:

借:财务费用

　　贷:银行存款/库存现金

◇支付借款利息：

借：财务费用

　　贷：银行存款

◇归还短期借款本金：

借：短期借款

　　贷：银行存款

◇印花税一般是在纳税申报并缴款时一次性集中处理：

借：税金及附加——印花税

　　贷：库存现金或银行存款

（2）按揭贷款

企业按揭购入固定资产的账务处理主要涉及以下几个问题：

◇固定资产的入账价值如何确定；

◇负债的入账价值如何确定；

◇停止资本化后的应付按揭利息如何处理；

◇折旧如何计提。

在账务处理时，因按揭购入固定资产不同于一般的固定资产，可在"固定资产"一级科目下另设二级明细科目"按揭购入固定资产"进行核算。

负债入账价值的确定，按揭购入固定资产，不论是按揭购入即可投入使用的固定资产，还是按揭购入后不能马上投入使用的固定资产，其负债的入账价值均可比照企业长期借款方式按不考虑按揭利息所需支付的价款确定。但在进行账务处理时，考虑到按揭时间比较长（一般都在一年以上），可在"长期应付款"下另设明细科目"应付按揭贷款"进行核算。

按揭贷款购置资产涉及的相关账务处理如下：

◇按揭贷款购入时：

借：固定资产——按揭购入固定资产（含该固定资产的售价、保险费、手续费等使固定资产达到预定可使用状态前的相关费用）

　　贷：银行存款（已经支付的货币资金部分）

　　　　长期应付款——应付按揭贷款（余款）

◇计提和支付价款利息时：

借：财务费用（利息部分）

　　贷：长期应付款——应付按揭贷款

借：长期应付款——应付按揭贷款（还款金额）

　　贷：银行存款

按揭贷款可采用等额本息还款法、等额本金还款法，下面以等额本息还款法为例，计算每月还款金额，假定利率不变。每个月的还款金额系按照年金复利系数计算得出的，则：

$$每个月的还款金额 = \frac{贷款本金 \times 月利率}{1 - (1 + 月利率)^{-n}}$$

其中:n 为还款期数

银行从每月月供款中,先收剩余本金利息,后收本金;利息在月供款中的比例中随剩余本金的减少而降低,本金在月供款中的比例因而升高,但月供总额保持不变。

计算原则:每月归还的本金额始终不变,利息随剩余本金的减少而减少。

每月应还利息和应还本金计算公式如下:

$$每月利息 = 剩余本金 \times 贷款月利率$$
$$每月本金 = 每月月供额 - 每月利息$$

2)实战规则

(1)短期贷款规则

◇信誉值在 80 至 100 分可以进行短期贷款。

◇贷款最高限额额度 = 实收资本 × 信誉值比例,其中:信誉值比例 = 信誉值/100。

◇贷款利率每年变动,由平台给定,已贷款项不受影响,贷款期限不超过 1 年。

◇按月支付利息,到期一次还本。

◇可以提前还贷,利息按照使用资金天数计算。提前还款,借款合同终止。

◇利息需当期支付,不能延迟支付。

(2)按揭贷款规则

按揭贷款只适用于购买房产,房产购入后即可使用,贷款最高限额为房产价值的70%。

贷款利率每年变动,已贷款项不受影响,贷款期限 1~3 年。

按月归还固定本息,采用等额本息还款方式偿还,还款的利息和本金会在银行单据上直接显示,无须再进行计算

按揭贷款应缴纳保险费,保险费 = 贷款金额 ×0.5%

(3)贷款资金到账日期

短期贷款、抵押贷款和按揭贷款 2~5 天内到账,具体时间随机。

3.1.3.3 主功能界面介绍

1)财务经理主功能界面

财务经理点击屏幕右上方所有信息查询按钮,进行相应信息查看(见图 3 - 61)。

2)信息查询

在财务经理主功能界面右上角信息查询按钮,点击各信息查询按钮可进入财务信息、资产信息等查看界面(见图 3 - 62)。

如点击"人力资源"可查看企业目前人员工作状况(见图 3 - 63)。

图 3-61 "财务经理主功能"界面

图 3-62 "信息查询"界面

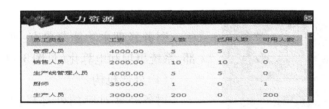

图 3-63 "人力资源查看"界面

3)市场资讯

财务决策平台模拟企业市场化运作,财务经理必须要时时关注市场的变化(见图 3-64),包括宏观经济政策、专家预测、证券市场的涨跌等,以把握企业经营的良好时机,控制企业经营风险。特别股票投资由财务经理负责,更要时时关注市场行情的变化。

图 3-64 "市场资讯"界面

4)今日事项、待办事项、我的审批单

这三个栏目主要列示财务经理必须处理的业务事项内容。财务经理需关注"我的审批单"、"待办事项"和"今日事项"栏显示的事项,一般"今日事项"所列事项为必须当日处理完毕的业务;"待办事项"一般为需要审批的付款事项(见图3-65);已执行完成的事项会列示在"我的审批单"中(见图3-66)。

图3-65 "今日事项"和"待办事项"界面

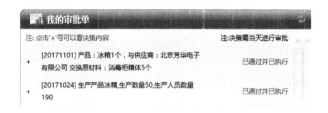

图3-66 "我的审批单"界面

图3-67 "财务经理主功能"菜单

5)主功能菜单

财务经理主功能菜单有:外部机构、财务部、系统事项和电算化(见图3-67)。

(1)外部机构

财务经理对应的外部机构主要是银行。可进行贷款、委托贷款、债券买卖的操作,还可进行银行对账单的查看(见图3-68)。

如点击"外部机构"—"银行"—"我要贷款"进入企业贷款申请界面(见图3-69),可进行企业贷款申请表填写操作。此外,还可查看企业历史贷款记录。

图3-68 "外部机构"界面

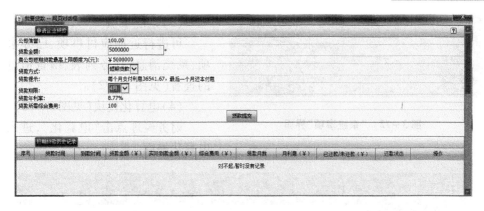

图 3 - 69 "贷款"界面

（2）财务部

提供企业筹资投资业务执行、筹资投资业务交易记录查看、原始单据查询功能（见图 3 - 70）。

图 3 - 70 "财务部"界面

如点击"财务部"—"筹资投资业务执行"进入筹资投资业务执行界面，可查看已完成的投资事项，也可以查看其他可投资的事项（见图 3 - 71）。

业务标题	业务描述	业务日期范围	业务是否可选	业务状态	操作
股票投资	交通银行市价：4.71 今年三季度：每股净资产4.16 每股收益0.62 每股现金流0.28 总股本：618.9亿	2017-10-08 -- 2017-10-08	可选	未执行	查看
股票投资	美的电器市价：13.50 今年三季度：每股净资产5.65 每股收益0.87 每股现金流0.60 总股本：33.84亿	2017-10-08 -- 2017-10-08	可选	未执行	查看
股票投资	深万科市价：8.00 今年三季度：每股净资产4.27 每股收益0.33 每股现金流-0.14 总股本：109亿	2017-10-08 -- 2017-10-08	可选	未执行	查看
股票投资	交通银行市价：4.50 今年三季度：每股净资产4.16 每股收益0.62 每股现金流0.28 总股本：618.9亿	2017-10-31 -- 2017-10-31	可选	未执行	查看
股票投资	深万科市价：7.50 今年三季度：每股净资产4.27 每股收益0.33 每股现金流-0.14 总股本：109亿	2017-10-31 -- 2017-10-31	可选	未执行	查看
股票投资	美的电器市价：14.2 今年三季度：每股净资产5.65 每股收益0.87 每股现金流0.60 总股本：33.84亿	2017-10-31 -- 2017-10-31	可选	未执行	查看
股票投资	美的电器市价：11.90 今年三季度：每股净资产5.65 每股收益0.87 每股现金流0.60 总股本：33.84亿	2017-11-05 -- 2017-11-05	可选	未执行	查看
股票投资	深万科市价：7.06 今年三季度：每股净资产4.27 每股收益0.33 每股现金流-0.14 总股本：109亿	2017-11-05 -- 2017-11-05	可选	未执行	查看
股票投资	交通银行市价：4.49 今年三季度：每股净资产4.16 每股收益0.62 每股现金流0.28 总股本：618.9亿	2017-11-05 -- 2017-11-05	可选	未执行	查看
股票投资	深万科市价：7.00 今年三季度：每股净资产4.27 每股收益0.33 每股现金流-0.14 总股本：109亿	2017-11-30 -- 2017-11-30	可选	未执行	查看

第1页/共2页 共15行/每页10行 [首页] [前一页] [后一页] [尾页] 第1页

图 3 -71 "筹资、投资等其他业务"界面

图 3 – 72 "系统事项"界面

（3）系统事项

可进行近期应付事项、已办事项、系统消息、任务列表、稽查信息的查看（见图 3 – 72）。

（4）电算化模块（见图 3 – 73）

财务经理点击"电算化"，进入电算化界面。

图 3 – 73 "电算化"界面

3.1.4 会计岗位

3.1.4.1 工作职责

会计负责索取发票、开具发票、确认工资薪酬、分配制造费用、填制成本计算表、电子报税、做账等账务事项的处理。

3.1.4.2 工作规则

3.1.4.2.1 产品成本核算规则

1）知识点

生产过程是制造企业经营活动的主要过程，它的主要任务是将原材料等投入生产，经过工人的劳动加工，制造出符合需要的产品。企业在产品的生产过程中，一方面，劳动者借助劳动资料对劳动对象进行加工制造产品，以满足社会需要；另一方面，为了制造产品，企业必然要发生诸如固定资产的磨损、材料的消耗以及劳动力的耗费(生产工人和管理人员)等各项生产耗费。企业在一定时期内发生的、能够用货币金额表现的生产耗费,叫生产费用。生产费用按是否计入产品成本可以分为产品生产费用和期间费用。企业为生产一定种类和数量的产品所发生的各项生产费用的总和,称为产品的生产成本。因此,在产品生产过程中制造费用的发生、归集和分配,以及产品生产成本的计算,就构成产品生产过程核算的主要内容。

生产过程中产品成本的计算,就是把生产过程中发生的应当计入产品成本的费用,以产品成本归集和分配的对象,运用一定的计算方法,计算出产品的总成本和单位成本。通过产品生产成本的计算,可以确定生产耗费的补偿尺度,用以考核企业的生产经营管理水平。

(1)产品生产成本的内容

企业在生产经营过程中发生的各项费用按照经济用途可分为产品制造成本和期间费用。产品制造成本是指那些直接与产品生产有关的费用,这些费用可以通过直接或间接的方式归集、分配到各种具体的产品成本中,形成产品价值。归入产品制造成本项目的费用可以进一步细分为直接材料、直接人工和制造费用三个成本项目。

期间费用是指不能计入产品成本,而应当计入期间损益的费用。这些费用是企业生产经营活动过程中发生的,与产品生产没有直接联系,不能明确确定成本归集对象,但是可以确定其发生期间和归属期间的费用。所以不能计入产品成本,参与成本计算,只能作为期间费用,计入当期损益。对于工业企业来说,这些费用主要包括管理费用、财务费用和销售费用。

(2)产品成本的计算过程

在产品生产过程中,产品生产成本的计算过程就是按不同的成本计算对象归集分配费用的过程。企业发生的生产费用,若只为生产某种产品而直接发生的,应当在费用发生时直接计入该种产品成本;若为生产多种产品共同发生的材料及人工费,应在费用发生时通过一定的方法对费用进行分配,进而计算出各种产品应当分摊的成本。需要注意的是,对于企业为生产产品而发生的制造费用,由于它属于间接费用,因此,月末应采用适当的分配标准(如生产工人工资、生产工时、机器工时、耗用的原材料数量或成本等)对其进行分配。

制造费用经过分配后,结转到产品生产成本账户中,然后就可以将生产费用在完工产品和月末在产品之间进行分配。采用的分配方法有约当产量法、定额成本法和定额比例法等。

产品成本由直接材料、直接人工及制造费用构成。企业月末要对本月生产的产品进行成本计算,并将完工产品结转入库。企业产品成本计算的基本方法有三种:品种法、分批法、分步法。成本核算的一般程序包括:①归集和分配各种要素费用;②开设成本明细账;③分配制造费用;④分配计算各种完工产品和在产品成本。

(1)材料费用的归集与分配

用于产品生产的原料及主要材料,通常是按照产品分别领用的,属于直接费用,应根据领用材料凭证直接计入各种产品成本的"直接材料"项目。但是,有时一批材料为几批产品共同耗用,在消耗定额比较准确的情况下,通常采用材料定额消耗量比例或材料定额成本的比例进行分配,其计算公式如下:

$$分配率 = \frac{材料实际总消耗量(或实际成本)}{各种产品材料定额消耗量(或定额成本之和)}$$

某种产品应分配的材料数量(费用) = 该种产品的材料定额消耗量(或定额成本)×分配率

(2)直接人工费用的归集与分配

直接人工费用是指直接从事产品生产人员的工资费用,如果一种产品产生,直接计入该产品成本,几种产品共同发生,则应将人工费用在几个产品直接进行分配计入,如按实用工时进行分配,其分配方法如下:

$$分配率 = \frac{生产工人工资总额}{各种产品实用工时之和}$$

某种产品应分配的工资费用 = 该种产品实用工时×制造费用分配率

月末企业应对工资费用进行分配,计提工会经费、住房公积金、社保等。涉及的相关账务处理如下:

◇计提职工工资:

借:生产成本——××产品(直接人工)

　　制造费用——人工费

　　销售费用——人工费

　　管理费用——人工费

　　贷:应付职工薪酬——工资

其中,计提个人所得税与个人承担的费用

借:应付职工薪酬——工资

　　贷:应交税费——应交个人所得税

　　　　其他应付款——社会保险费(个人负担部分)

　　　　　　　　——住房公积金(个人负担部分)

◇实际发放职工工资时:

借:应付职工薪酬——工资

　　贷:银行存款

◇计提企业承担的社保费等:

借:生产成本——××产品(直接人工)

　　制造费用——人工费

　　管理费用——人工费

　　销售费用——人工费

　　贷:应付职工薪酬——社会保险费(单位负担部分)

————住房公积金(单位负担部分)等

✧缴纳社会保险、住房公积金、个人所得税等:

借:应付职工薪酬——社会保险费(单位负担部分)

————住房公积金(单位负担部分)

其他应付款——社会保险费(个人负担部分)

————住房公积金(个人负担部分)

应交税费——应交个人所得税

贷:银行存款

(3)制造费用的归集与分配

企业发生的各项制造费用,根据有关付款凭证,各项要素费用分配表,辅助生产费用分配表等,将有关费用记入"制造费用"账户及各明细账户有关项目栏。月终时采用适当的分配方法,将这些费用在各种产品之间进行分配,计入各产品成本的制造费用项目栏。

制造费用分配的方法有按产品的实用工时比例分配,按生产工人工资比例分配,按机器工时比例分配,按产品产量比例分配等。季节性生产的企业,为了使单位成本中制造费用不致因为生产的季节性而发生较大的波动,可采取按计划分配率的方法,即根据当月的产量和制造费用计划分配率分配本月应负担的制造费用。年终时再将实际发生的制造费用与按计划分配率分配的制造费用的差额进行调整。

制造费用分配率=制造费用总额÷各种产品分配标准总数

某种产品应承担的制造费用=该种产品的分配标准×制造费用分配率

制造费用分配相关的账务处理如下:

借:生产成本——××产品(制造费用)

贷:制造费用——分配转出

(4)分配计算各种完工产品与在产品成本

通过将各项发生费用的归集和分配,基本生产车间在生产过程中发生的各项费用,已经集中反映在"生产成本——基本生产成本"科目及其明细账的借方,并按成本项目予以反映。如果企业或车间月末没有在产品或不计算在产品成本,则这些费用就是完工产品的总成本。如果月末既有完工产品又有在产品,那么应由本月产品负担的费用(包括月初在产品成本加上本月发生的应由本月产品负担的生产费用),就要在本月完工产品和月末在产品之间进行分配,以求得本月完工产品成本。

生产费用在完工产品与在产品之间的分配,在成本计算工作中是一个重要而又比较复杂的问题。企业应当根据产品的生产特点,如月末结存在产品数量的多少,各月月末在产品结存数量变化的大小,月末结存在产品价值的大小,各项费用在成本中所占比重的轻重,以及企业定额管理基础工作的扎实与否等,结合企业的管理要求,选择既合理又简便的分配方法。通常有 7 种用于分配生产费用的方法,分别是:

◇不计算在产品成本。即在产品成本为零,通常自来水生产企业、采掘企业等可采用此方法。

◇在产品按完工产品成本法计算。即将在产品视同完工产品计算、分配生产费用。这种方法适用于月末在产品已接近完工,或产品已经加工完毕但尚未验收或包装入库的产品。

◇在产品成本按年初数固定计算。例如,冶炼、化工企业的产品,由于高炉和化学反应装置的容积固定,其在产品成本就可采用这种方法。

◇在产品成本按其所耗用的原材料费用计算。例如,纺织、造纸和酿酒等工业的产品,都可以采用这种分配方法。

◇约当产量法。这种方法适用范围较广泛,特别是月末在产品结存数量较大,且各月月末在产品结存不稳定,变化比较大,其他分配方法受到限制,不宜采用时,尤为适合。

◇在产品成本按定额成本计算。这种方法适用于各项消耗定额或成本定额比较准确、稳定,而且各月末在产品数量变化不是很大的产品。

◇定额比例法。它适用于各项消耗定额比较健全、稳定,定额管理基础比较好的,各月末在产品数量变动较大的产品。

2)实战规则

◇直接材料由投入生产的原材料构成。

原材料入库成本采用实际成本法计算。原材料领用成本采用移动加权平均法,在生产开始时一次性投入,完工产品与在产品所耗原材料成本是相等的,原材料成本按照完工产品和在产品数量分配。

直接材料 = 投入生产的原材料领用数量 × 移动加权单价

◇直接人工由员工工资薪酬构成。直接人工薪酬归集到各类产品中,并在完工产品及在产品中分配。按照月底获得的工时汇总表、工资汇总表和薪酬类费用表计算并填写工资费用分配表。

◇制造费用包括低值易耗品、劳保费、生产用电费、生产用水费、生产设备及厂房租金(折旧)、维护费、生产线管理人员的工资薪酬等。月末根据工时汇总表,归集各类产品的制造费用,计算并填写制造费用分配表,并在完工产品及在产品中分配。

低值易耗品每月采购一次,一次性投入,劳保用品每季度采购一次,一次性投入,直接计入当期制造费用。

当月生产用电费 = 当月完工产品数量 × 2 元(含税)
当月生产用水费 = 当月完工产品数量 × 1.5 元(含税)

◇产品成本在月末计算和结转。完工产品出库时成本结转根据企业财务制度要求结转。完工产品和在产品成本分配的方法为约当产量法。约当产量比例根据平台界面右上角的"业务信息"—"生产信息"中的产成品比例计算,如下图(见图3 - 74)。

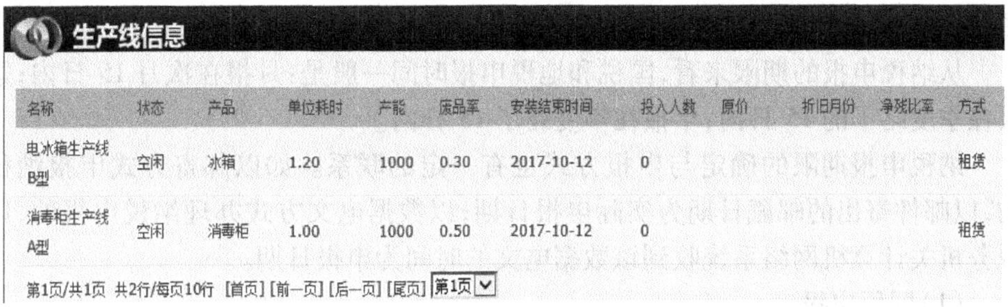

生产线信息

名称	状态	产品	单位耗时	产能	废品率	安装结束时间	投入人数	原价	折旧月份	净残比率	方式
电冰箱生产线B型	空闲	冰箱	1.20	1000	0.30	2017-10-12	0				租赁
消毒柜生产线A型	空闲	消毒柜	1.00	1000	0.50	2017-10-12	0				租赁

第1页/共1页 共2行/每页10行 [首页] [前一页] [后一页] [尾页] 第1页

图 3－74 “生产信息”界面

3.1.4.2.2 纳税申报规则

1) 知识点

税收是企业经营中的重要成本项目，企业在决策时应树立依法纳税的观念和税收筹划的意识，从投资计划的制定，运营业务的设计开始就需要将税收列入重点考虑的因素之一。实际工作中，财务部门相关人员应及时学习税收法规，正确解读税收法律条款，严格执行税收征管流程，不仅做到依法纳税，避免企业受到不必要的损失，又能提出合理的税收筹划方案，为管理层的决策提供有用的信息。

纳税申报是企业履行纳税义务的重要环节，办税人员在纳税申报时，首先要关注企业运营的形式和实质，正确计算应纳税额，其次要关注纳税申报表填写的规范（如纳税申报表数据的内在逻辑关系）、纳税申报的地点、形式和期限。

例如，具体到纳税申报流程，从纳税申报的地点来看，纳税申报分为国税申报和地税申报。办税人员要根据税种和税收征管机关的规定，分别到不同的税务局进行纳税申报。国税主要申报增值税（月报）、企业所得税（季报、年报）等，地税主要申报营业税（月报）、城市维护建设税（月报）、教育费附加（月报）、印花税（月报）、个人所得税（月报）、房产税（季报）、车船使用税（年报）等。

从纳税申报的形式来看，《税收征管法》第 26 条规定：“纳税人、扣缴义务人可以直接到税务机关办理纳税申报或者报送代扣代缴、代收代缴税款报告表，也可以按照规定采取邮寄、数据电文或者其他方式办理上述申报、报送事项。”目前，纳税申报的形式主要有以下三种：

✧直接申报，是指纳税人自行到税务机关办理纳税申报。这是一种传统申报方式。

✧邮寄申报，是指经税务机关批准的纳税人使用统一规定的纳税申报特快专递专用信封，通过邮政部门办理交寄手续，并向邮政部门索取收据作为申报凭据的方式。

✧数据电文申报，是指经税务机关确定的电话语音、电子数据交换和网络传输等电子方式。例如目前纳税人的网上申报,就是数据电文申报方式的一种形式。

从纳税申报的期限来看,国税和地税申报时间一般是:月报在次月 15 日内;季报在季度终了的 15 日内;年报在年度终了 15 日内。

纳税申报期限的确定与申报方式也有一定的联系。如以邮寄方式申报纳税的,以邮件寄出的邮戳日期为实际申报日期;以数据电文方式办理纳税申报的,以税务机关计算机网络系统收到该数据电文的时间为申报日期。

(1)国税申报

增值税是对在中国境内销售货物或者提供加工、修理修配劳务、进口货物及销售服务、无形资产或者不动产的单位和个人就其实现的增值额征收的一种税。增值税一般按月征收。会计应根据增值税计算公式查询和统计相关的数据。

当月应纳增值税额 = 当月销项税额 – 当月进项税额 – 月初留抵进项税额

缴纳增值税的相关账务处理如下:

◇缴纳本月增值税:

借:应交税费——应交增值税(已交税金)

　　贷:银行存款

◇缴纳上月增值税:

借:应交税费——未交增值税

　　贷:银行存款

(2)地税申报

◇印花税:

印花税是以经济活动中签立的各种合同、产权转移书据、营业账簿、权利许可证照等应税凭证文件为对象所征的税。印花税的税目共十三项,包括购销合同、借款合同、财产租赁合同、加工承揽合同、建设工程勘察设计合同、建筑安装工程承包合同、货物运输合同、仓储保管合同、财产保险合同、技术合同、产权转移书据、营业账簿(资金账簿和其他账簿)、权利、许可证照。会计应根据印花税计算公式查询和统计相关的数据。

应纳印花税额 = 相关的合同金额 × 印花税率

缴纳印花税的相关账务处理如下:

借:税金及附加——印花税

　　贷:银行存款

◇城建税与教育费附加:

城市维护建设税和教育费附加是增值、消费税两类流转税的附加税,只要缴纳了增值税、消费税,就要同时缴纳城市维护建设税和教育费附加,城市维护建设税根据地区不同税率分为 7%(市区)、5%(县城镇)和 1%,教育费附加税率是 3%,这两个附加税是用实际缴纳的增值税与消费税之和作为基数乘以相应的税率,计算应纳的附加税金额。

缴纳城建税和教育费附加账务处理如下:

借:应交税费——应交城市维护建设税

　　　　——应交教育费附加

　　贷:银行存款

◇个人所得税:

个人所得税是调整征税机关与自然人(居民、非居民)之间在个人所得税的征纳与管理过程中所发生的社会关系的法律规范的总称。个人所得税的税目共11项,包括工资、薪金所得、个体工商户的生产、经营所得、对企事业单位的承包经营、承租经营所得、劳务报酬所得、稿酬所得、特许权使用费所得、利息、股息、红利所得、财产租赁所得、财产转让所得、偶然所得、其他所得。会计应根据个人所得税计算公式查询和统计相关的数据。

$$应纳个人所得税额 = 应纳税所得额 × 适用税率$$

缴纳个人所得税相关账务处理如下:

借:应交税费——应交个人所得税

　　贷:银行存款

2)实战规则

◇财务决策平台采用的是网上申报(数据电文)的方式。每个月,会计需在规定时间内申报缴纳上月的税收。纳税申报时需重点关注税费计算、申报表填写规范、纳税地点、纳税期限。会计角色在进行税费计算和纳税申报表填写时,基础数据主要通过查询电算化模块中的"明细账"来获取有用的数据,必要时还可点击"明细账"中的"查看"按钮,查询相关的原始凭证。

◇会计角色需填写计税金额,系统会自动计算应纳税额。

◇本平台中涉及的印花税税目有:

购销合同,按照购销金额乘以税率0.03%计征。

财产租赁合同,按照租赁金额乘以税率0.1%计征。

借款合同,按照借款金额乘以税率0.005%计征。

货物运输合同,按照运输收取费用0.05%计征。

权利许可证照、其他营业账簿(不记载资金的营业账簿),按照单位取得的房屋产权证、工商营业执照、商标注册证、专利证、土地使用证每件5元计征。

营业账簿(记载资金的营业账簿),按照记载资金的账簿,实收资本和资本公积的合计金额0.05%计征。

◇为方便进行纳税申报,系统在月末会自动计算出应纳个人所得税额,办税人员可查询"应交税费-应交个人所得税"明细账确定应纳个人所得税额。个人所得税纳税申报时需根据获取的应纳个人所得税除以10%倒推出应纳税所得额。

3.1.4.3　主功能界面

1）会计主功能界面

会计点击屏幕右上方所有信息查询按钮，进行相应信息查看（见图3－75）。

图3－75　"会计角色主功能"界面

2）信息查询

会计主功能界面右上角信息查询按钮，点击各信息查询按钮可进入财务信息、资产信息、库存信息等查看界面。如点击"财务信息"—"财务基本信息"，即可进入（见图3－76）

图3－76　"财务基本信息查看"界面

3)今日事项、待办事项、我的审批单

这三个栏目主要列示需处理的业务事项内容。会计需关注"待办事项"和"今日事项"栏显示的事项,一般"今日事项"所列事项为必须当日处理完毕的业务。会计一般没有审批的事项(见图3－77)

图3－78 "会计角色主功能菜单"界面

图3－77 "今日事项"、"待办事项"和"我的审批单"界面

4)会计角色主要功能菜单

会计角色的主要功能菜单有:外部机构、物资部、财务部、纳税申报、电算化等(见图3－78)。

(1)外部机构

会计角色外部机构主要指银行、税务局,会计可点击对应相关机构办理对应业务(见图3－79)。

图3－79 "外部机构"界面

"银行"提供按揭贷款查询、银行对账单查看。如点击"基本账户对账单"(见图3－80)进入银行对账单查看界面,设置查询的起讫时间,点击"查询"即可查看企业某时期的基本账户银行对账单(见图3－81)。

图3－80 "基本账户对账单"界面

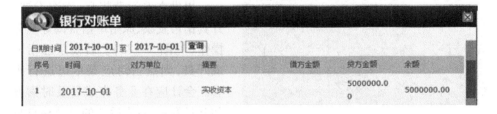

图3－81 "银行对账单查看"界面

如果企业是高新技术企业,可以申请所得税减免优惠,会计到"税务局"可申办税收优惠。

图3-82 "税务局"界面

图3-83 "物资部"界面

（2）物资部

点击"物资部"菜单可用来查询企业内部资产的信息,包括固定资产、原材料、产成品等(见图3-83)。如点击"产成品变动记录",进入产成品变动记录界面,可查看企业已执行的产品生产情况(见图3-84)。

图3-84 "产品变动记录"界面

图3-85 "财务部"界面

（3）财务部

提供查看运营规划、索取发票、开具销售发票、原始单据查询等业务操作(见图3-85)。若发票已索取或开具,则点击对应菜单可进行查看。会计应在业务完成后及时索取和开具发票,否则后续的会计核算将无法进行。此外,月末会计还应在此功能菜单处进行成本计算相关计算单据的增设和填制。

如点击"财务部"—"填制成本计算表",进入成本计算单填制界面(见图3-86)。

制造费用分配	制造费用分配	2017-10-31	内容输入 ｜ 删除
产成品入库	完工产品与月末在产品成本分配表	2017-10-31	内容输入 ｜ 删除
产成品入库	完工产品与月末在产品成本分配表	2017-10-31	内容输入 ｜ 删除
计提分配工资	工资薪酬费用分配表	2017-10-31	内容输入 ｜ 删除
制造费用分配	制造费用分配	2017-11-30	内容输入 ｜ 删除
产成品入库	完工产品与月末在产品成本分配表	2017-11-30	内容输入 ｜ 删除
产成品入库	完工产品与月末在产品成本分配表	2017-11-30	内容输入 ｜ 删除
固定资产折旧	固定资产明细表	2017-11-30	内容输入 ｜ 删除
计提分配工资	工资薪酬费用分配表	2017-11-30	内容输入 ｜ 删除

第1页/共1页 共9行/每页9行 [首页][前一页][后一页][尾页] 第1页▼

图3-86　"填制成本计算"界面

(4)纳税申报

提供税收申报表填制。次月由会计在规定时间前进行纳税申报。点击"纳税申报"进行税收申报(见图3-87)。

(5)系统事项

在此功能菜单可进行近期应付事项、已办事项、系统消息、稽查信息、任务列表的查看(见图3-88)。"任务列表"所列事项为当日企业任务,涉及的各角色需在当日完成对应的任务,否则不能下班,无法进入到下一天。完成的任务事项会在右侧打"√",表示已完成。

图3-87　"纳税申报"界面　　　　**图3-88　"系统事项"界面**

如点击"系统事项"—"稽查信息",进入税务信息稽查界面,可查看国税或地税稽查的报告(见图3-89)。

图3-89　"税务稽查信息"界面

（6）电算化模块

系统的电算化模块为专门的会计账务处理模块（见图3-90），在此模块中各角色除财务总监、财务经理外均要由财务经理重新进行分工，一般来说会计角色分工后主要负责企业除采购、销售、稽核、无原始单据业务以外的业务核算，角色转换为会计3（详见分岗设置）

会计点击"电算化"—"凭证录入"进入经济业务选择界面，录入凭证等与其他角色相同。

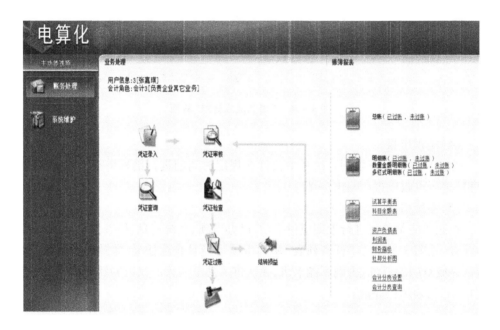

图3-90 "电算化"界面

> ❋ 说明：
> 1. 会计需查看、接受并审核工资薪酬类表单。
> 2. 会计在财务部增加并填写工资薪酬类的分配表、制造费用分配表、完工产品及在产品分配表等成本计算表，并据此进行账务处理。

3.1.5 出纳岗位

3.1.5.1 工作职责

负责现金收付、银行存款收付、银行内部转账等现金流管理业务。

3.1.5.2 工作规则

出纳根据财务经理已审批事项办理款项支付业务。需由出纳处理的款项收付事项系统会提示在"待办事项"处,出纳根据企业资金情况可作出"银行支付"或"拒绝支付"的选择。

1)付款规则

明确支出的金额和用途。出纳人员支付每一笔资金的时候,一定要严格核实付款金额、用途及有关审批手续。

2)收款规则

◇确定收入的金额和来源。出纳人员在收到一笔资金之前,应当清楚地知道要收到多少钱,收谁的钱,收什么性质的钱,再按不同的情况进行分析处理。

◇确定收款金额。如为现金收入,应考虑库存限额的要求。

◇收回代付、代垫及其他应付款。出纳人员应当根据账务记录确定其收款额是否相符,具体包括单位为职工代付的水电费、房租、保险金、个人所得税,职工的个人借款和差旅费借款,单位交纳的押金等。

◇银行核实。银行结算收入应由出纳人员与银行相核对,在取得银行有关的收款凭证后,方可正式确认收入,进行账务处理。

◇提取现金。需要现金支付的款项,一次提现金额不得超过50 000元。

◇每日盘点。每日下班前清点库存现金金额不得超过50 000元。

3.1.5.3 主功能界面介绍

1)出纳主功能菜单

出纳点击屏幕右上方信息查询按钮,进行相应信息查看(见图3－91)。

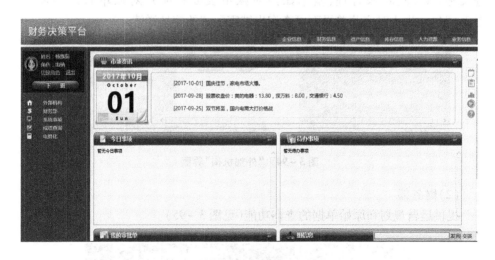

图3－91 "出纳角色主功能"界面

2)信息查看

在出纳主功能界面右上角信息查询按钮,可查看财务信息(见图3-92)。

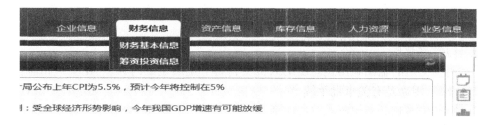

图3-92 "信息查看"界面

3)今日事项、待办事项和我的审批单

出纳要关注"待办事项"(见图3-93),待办事项所列事项为当日必须完成的事项。

图3-93 "待办事项"界面

4)主功能菜单

(1)外部机构

出纳角色的"外部机构"主要指的是银行。出纳点击"外部机构"—"银行"可进入现金管理、转账管理、基本账户对账单及委托账户对账单管理界面(见图3-94)。进入对应菜单界面可查询出纳需了解的信息详情。

图3-94 "外部机构"界面

(2)财务部

提供运营规划和原始单据的查询功能(见图3-95)。

图3-95 "财务部"界面

(3)系统事项

出纳在"系统事项"(见图3-96)可以查看"近期应付"事项、"已办事项"、"稽查信息"、"系统消息"和"任务列表"的详细信息。"任务列表"列示的事项为企业当日应完成的事项,只有各角色都完成相关操作,才会打"√"表示已完成。

图3-96 "系统事项"界面

(4)电算化

系统的电算化模块为专门的会计账务处理模块,在此模块中各角色除财务总监、财务经理外均要由财务经理重新进行分工,如,财务经理分岗后,出纳角色主要负责采购业务的核算,角色转换为会计,出纳点击"电算化"—"凭证录入"进入经济业务选择界面录入凭证(见图3-97)。

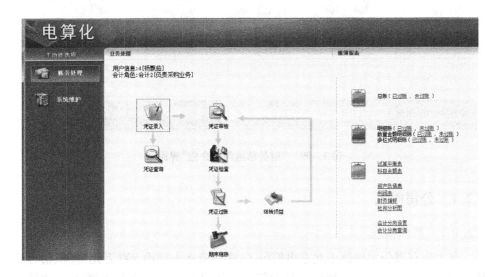

图3-97 "电算化"界面

3.2 工作准备

首先,由财务总监登录平台网页(见图3-98),创建一家企业——灰太狼有限公司(见图3-99),然后,每个角色进行检测,企业创建成功。

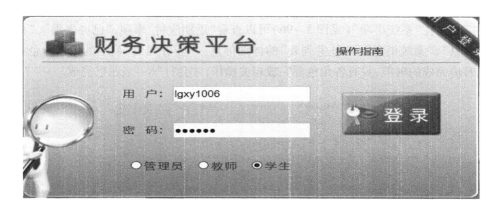

图 3 - 98 "学生登录"界面

图 3 - 99 "财务总监创建企业"界面

3.2.1 公司概况

3.2.1.1 基本情况

灰太狼有限公司坐落于北京市朝阳区,注册资本人民币 500 万元整(伍佰万圆整),经营范围为电子产品的生产与销售。本公司本着诚信为本,顾客至上的销售理念,携手同仁致力打造一个以家用电器为龙头,结合多种电子产品,并兼营其他业务为一体的现代化企业。

3.2.1.2 财务制度

◇完工产品出库时采用全月一次加权平均法进行成本结转。
◇完工产品和在产品成本计算的方法为约当产量法。

◇材料采用实际成本法计算。材料出库采用移动加权平均法,材料在生产开始时一次性投入,完工产品与在产品所耗材料成本是相等的,材料成本按照完工产品和在产品数量分配。

每种产品的材料成本＝投入生产的每种材料领用数量×移动加权单价

◇工资薪酬根据工时在各产品品种中归集,并在在产品及完工产品中分配。

◇制造费用根据工时在各产品品种中归集,并在在产品及完工产品中分配。

◇固定资产采用直线法折旧,折旧年限和残值率根据企业实际情况自行设定,超过税法规定的标准,年终应当进行纳税调整。

◇在进行研发时,研究阶段的研发费计入当期管理费用,开发阶段的研发费全部形成无形资产。

◇企业需按月产品销售收入额的一定预提比例预提产品质量保证金,计入预计负债。

◇国债买卖采用实际利率法。

◇企业所得税的核算采用债务法。

3.2.1.3　岗位设置

灰太狼有限公司人员岗位设置如下:

陈先钏:运营;梁宇昊:财务总监;张碧浓:财务经理;

张嘉琪:会计;杨飘茹:出纳。

3.2.2　人员分工

财务决策平台中,会计电算化模块中财务经理需要根据企业会计核算的分工,分配不同的会计角色给当前系统中的角色,不同的系统角色在进行凭证录入时将看到不同类型的经济业务。在电算化模块中,各角色人员均需重新分工,除财务总监、财务经理外,其他角色人员划分为会计1、会计2、会计3,各会计角色有不同的权限划分。(详见会计分岗设置部分)

3.2.3　会计分岗设置

本电算化模块需由财务经理将系统原有角色中的运营、出纳、会计重新分配担任不同类型的会计角色,具体包括五个角色:财务总监、财务经理、会计1、会计2、会计3。每个会计角色承担的会计岗位不同,各会计角色各司其职完成相应的业务操作。

财务经理点击"电算化"—"会计分岗设置"(图3-100),进入会计分岗设置界面,进行人员会计角色分岗。会计岗位设置的操作可在运营活动开始时先进行,在日常运营期间相关会计角色可同时进行凭证录入等工作。由于财务经理负责对凭证进行审核,故财务经理不得进行凭证录入操作。无原始单据的凭证和稽核原始单据的凭证只能由财务总监录入。因而,会计分岗时,一

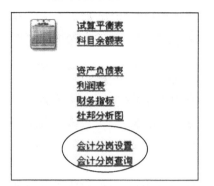

般将出纳岗位设置为会计1,运营岗位设置为会计2,会计岗位设置为会计3,进行分岗时,会计可根据各岗位日常业务的繁简进行分岗设置。本公司会计岗位设置如(图3-101)所示。

会计岗位不同,其角色权限分工也不一样,具体见表3-1。

图3-100 "电算化"界面

【会计分岗查询 -- 网页对话框】

【会计分岗查询】

序号	系统角色	会计角色名称	会计角色岗位描述
1	出纳	会计1	负责采购业务
2	运营	会计2	负责销售业务
3	会计	会计3	负责企业其它业务

财务总监负责成本计算、稽核以及没有原始单据的凭证的录入。成本稽核等凭证在处理时,需要会计先到财务室去填制相关成本计算单据,保存后,该单据会以原始凭证的形式出现在电算化模块,作为记账凭证的依据。

图3-101 "会计分岗设置"界面

表3-1 电算化模块中会计岗位功能权限一览表

电算化岗位 / 电算化模块 \ 功能权限	财务总监	财务经理	会计1 (建议改由出纳角色担任)	会计2 (建议由运营角色担任)	会计3 (建议由原有会计角色担任)
"账务处理"——凭证录入	1. 计提税金凭证录入 2. 计提固定资产折旧凭证录入 3. 租金摊销凭证录入 4. 成本核算业务凭证录入 5. 调整事项业务凭证录入	——	以采购业务为主的凭证录入	以销售业务为主的凭证录入	1. 索取采购发票、开具销售发票(在"财务部"模块预先操作) 2. 财务总监、会计1、会计2负责的凭证以外的其他凭证录入 3. 成本计算表的填制(在"财务部"模块预先操作) 4. 工资薪酬确认 5. 产品入库、出库核算 6. 纳税申报

续表

功能权限 电算化岗位 电算化模块	财务总监	财务经理	会计1（建议改由出纳角色担任）	会计2（建议由运营角色担任）	会计3（建议由原有会计角色担任）
——凭证查询	√	√	√	√	√
——凭证审核	——	√	——	——	——
——凭证检查	——	√	——	——	——
——凭证过账	——	√	——	——	——
——结转损益	——	√	——	——	——
——期末结账	——	√	——	——	——
——总账预览	√	√	√	√	√
——明细账	√	√	√	√	√
——数量金额明细账	√	√	√	√	√
——多栏式明细账	√	√	√	√	√
——试算平衡表	√	√	√	√	√
——科目余额表	√	√	√	√	√
——资产负债表	√	√	√	√	√
——利润表	√	√	√	√	√
——财务指标	√	√	√	√	√
——杜邦分析图	√	√	√	√	√
——会计分岗设置	——	√	——	——	——
——会计分岗查询	√	√	——	——	——
"系统维护"	√	√	√	√	√

注：1. 财务经理才可进行反结账；
2. 财务经理可反结转损益；
3. 会计1、会计2、会计3只能查询各自录入的凭证。

3.2.4 会计科目设置

　　财务决策平台电算化模块的系统维护主要指的是企业会计核算所用会计科目的初始化设置工作。企业应根据实际情况合理设置会计科目及账户，在总账科目下根据需要设置二、三级明细科目，以方便对企业发生的各项经济业务进行详细的核算和反映。各会计角色在对经济业务进行会计处理录入记账凭证前，应先考虑是否需要设置明细科目，如该科目第一次使用时未设置下级明细科目，在后期设置下级科目的时候，一级科目的数据会全部自动转入新设置的第一个下级科目中。因此企业会计核算人员应事先做好明细科目的初始设置及维护工作。

3.1.4.1　明细科目的增加、修改、删除

企业会计核算总账会计科目按国家统一颁布的科目表执行,明细科目除统一规定的外,可根据需要自行增加或修改,二级以下会计科目不能修科目代码,只能修改科目名称。

本电算化模块对一级科目所属明细科目的设置提供了两种不同的处理方式。

方法一:由不同的会计角色,在进行会计业务处理时根据需要即时增设。某一会计角色设置的明细账户所有的会计角色都可以查看及使用,资源共享。

方法二:由财务总监在期初统一对一般性业务的会计科目进行明细账户的设置。在具体业务处理时,由各会计角色根据需要临时增加系统维护时未增设的明细账户(推荐使用)。

各会计角色点击"电算化"进入电算化操作主界面,点击"系统维护"可进入会计科目初始设置界面(见图3-102、图3-103)。

图3-102　"系统维护操作"界面

图3-103　"会计科目初始化设置"界面

找到需增设明细科目的会计账户,点击"增加"按钮,进入明细科目增加设置界面。输入明细科目代码、科目名称,如"1002 银行存款"账户,下设两个二级明细账"100201 基本存款户"(见图 3 - 104)、"100202 委托贷款户"。在二级明细科目下可设置三级明细科目,如"10020101 建行北京朝阳支行"(见图 3 - 105)。

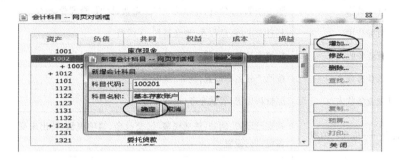

图 3 - 104 "添加会计科目二级明细"界面

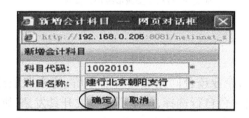

图 3 - 105 "添加会计科目三级明细"界面

3.2.4.2 明细科目设置

明细科目设置参考表(见表 3 - 2)。

表 3 - 2 明细科目表

账户名称	应设置的明细科目或费用项目
原材料	按原材料名称设置,例如:洗碗机面板、洗碗机辅材
银行存款	基本存款户、委托贷款户
应收账款	按客户名称设置
应付账款	按供应商名称设置
交易性金融资产	国债、股票
生产成本	二级科目按照产品名称设置,如洗碗机,三级科目设置:直接材料、直接人工、制造费用
库存商品	按照产品名称设置,例如:洗碗机
制造费用	职工薪酬、折旧费、水费、电费、办公费、机物料消耗、其他

续表

账户名称	应设置的明细科目或费用项目
应付职工薪酬	工资、职工福利、社会保险费、住房公积金、工会经费、职工教育经费
销售费用	广告费、职工薪酬、其他
管理费用	职工薪酬、办公费、差旅费、水费、电费、折旧、修理费、税金、其他
财务费用	利息支出、利息收入、现金折扣、手续费
主营业务收入	按照产品名称设置,例如:洗碗机
主营业务成本	按照产品名称设置,例如:洗碗机
其他业务收入	原材料出售、餐饮业务、运输业务
应交税费——应交增值税	系统已设置,例如:进项税额、已交税金、销项税额、转出未交增值税,不需要自己设置
应交税费	例如:未交增值税,系统已设置,无须设置
应交税费	应交所得税、应交城市维护建设税

3.2.5　其他说明

索取和开具发票;企业按合同完成经济业务后,应索取或开具相应发票,开具或索取发票的时间由角色自行选择,如果不索取或开具发票,则账务处理时将看不到此单据。索取和开具发票的工作由会计在日常工作中完成。主要是索取采购发票和开具销售发票。

财务决策平台业务核算中,会计核算可独立于运营业务,于月底集中进行,对模拟企业当期运营业务的会计处理,除日常业务外还应对月底必办业务进行梳理,防止遗漏。

3.3　典型业务操作

3.3.1　日常经营业务

3.3.1.1　筹资业务

1)收到投资

电算化界面:本方案在收到投资时,由运营(会计2)完成账务处理(见图3-106)。

2)贷款业务

(1)主功能界面

本方案进行了贷款,财务经理进入"银行"菜单,点击"我要贷款"按钮(见图3-107)。

记 账 凭 证

日期： 2017-10-01

凭证字： 记
凭证号： 11
附单据： 1 张

摘 要	会 计 科 目	借方金额	贷方金额
收到投资	10020101　银行存款 基本存款银行 – 建行北京朝阳支行	500000000	
收到投资	4001　　　实收资本		500000000

结算方式	数量	合计	500000000	500000000
结算号	单价			
结算日期	当前分录行： 0			

审核：张碧浓　　　　过账：　　　　　　　制单：陈先钏

银行进账单

图 3 – 106　"收到投资"业务

图 3 – 107　"我要贷款"界面

选择贷款类型,输入贷款金额和贷款期限,点击"贷款提交",完成贷款申请
(见图 3 – 108)。

图 3 – 108　填写"贷款申请"

完成贷款申请后,可查看短期贷款历史记录(见图3-109)。

序号	贷款时间	到账时间	贷款金额(￥)	实际到账金额(￥)	综合费用(￥)	贷款月数	月利息(￥)	已还款/未还款(￥)	还款状态	操作
1	2017-10-03	2017-10-06	5000000.00	5000000.00	100.00	4	29166.67	58333.34/5058333.34	贷款中	提前还贷 查看单据

第1页/共1页 共1行/每页5行 [首页][前一页][后一页][尾页] 第1页

图3-109 "贷款记录"界面

如果需要提前还贷,可在"我要贷款"界面中贷款记录处,点击"提前还贷"按钮,即完成提前还贷。

(2)电算化界面

本业务由会计(会计3)完成账务处理(见图3-110)。

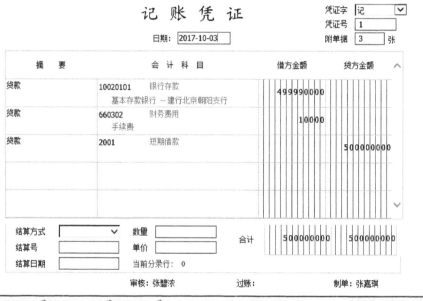

图3-110 "短期贷款"业务

3.3.1.2 投资业务

3.3.1.2.1 固定资产

1)租赁/购买厂房

(1)主功能界面

本方案采用租赁方式取得厂房。运营点击"采购市场"—"购买租赁房产"(见图3-111),进入"购买租赁资产"界面,选择需要租赁的厂房(见图3-112)。

图 3 – 111 "租赁厂房"界面

选择"厂房"点击厂房 A"租赁"(见图 3 – 112),进入"租赁固定资产合同信息"界面,点击"提交审批"(见图 3 – 113)。

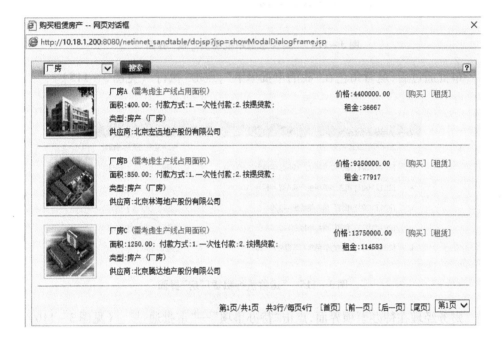

图 3 – 112 "购买租赁厂房"界面

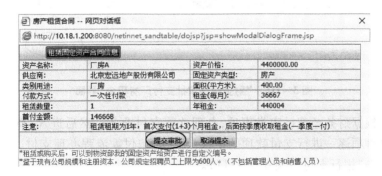

图 3 – 113 "提交租赁厂房请示"界面

财务总监在"我的审批单"查看待审批的事项—租赁厂房,并可点开左上角的"+"查看辅助决策的信息,点击"通过"完成审批(见图3-114)。

图3-114 "财务总监审批租赁厂房"界面

审批通过后,运营角色在"我的审批单下",点击"执行"(见图3-115)。

图3-115 "运营执行租赁厂房"界面

财务经理在待办事项界面,点击"待办事项"—"审批通过"。(见图3-116)。

图3-116 "财务经理审批支付厂房租金"界面

出纳根据财务经理已审批事项,办理款项支付业务。然后进入"待办事项",按应待办事项逐一进行支付款项的审核,无误时按付款流程办理支付。符合支付要求的点击"银行支付"(见图3-117)。

注意:如果不符合支付条件或企业资金不足无法支付时则点击"拒绝支付"。

图 3－117 出纳支付厂房租金

(2)电算化界面

本业务由运营(会计 2)完成其账务处理(见图 3－118)。

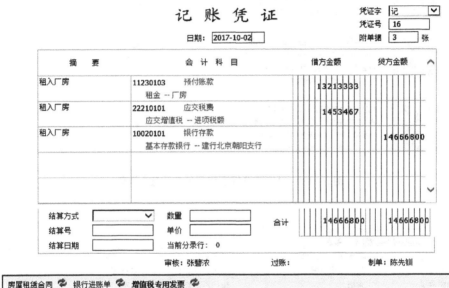

图 3－118 "租赁厂房"业务

2)租赁/购买生产线

(1)主功能界面

本方案采用租赁方式取得生产线。运营点击"采购市场"—"购买租赁生产线"(见图 3－119),进入"购买租赁生产线"界面,选择需要租赁的生产线(见图 3－120)。

图 3－119 "运营租赁生产线"界面

点击"租赁"进入生产线租赁合同对话框(见图3-120),点击"提交审批",并填写"决策单"(见图3-121)。

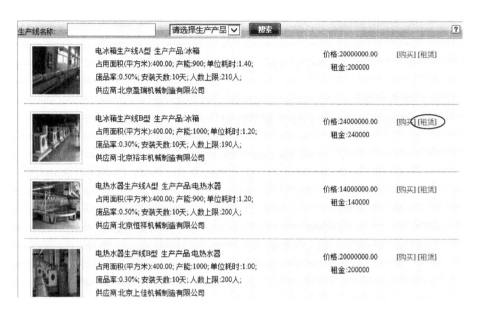

图3-120 "运营选择要租赁的生产线"界面

租赁固定资产合同信息			
资产名称:	电冰箱生产线B型	资产价格:	24000000.00
供应商:	北京裕丰机械制造有限公司	固定资产类型:	生产线
对应产品:	冰箱	单位产品耗用工时:	1.20
生产线产能:	1000	废品率:	0.30
占用面积(平方米):	400.00		
付款方式:	一次性付款	租金(每月):	240000
租赁数量:	1	年租金:	2880000
首付金额:	960000		
注意:	租赁租期为1年,首次支付(1+3)个月租金,后面按季度收取租金(一季度一付)		
	提交审批 取消提交		

图3-121 "运营提交租赁生产线请示"界面

财务总监在"我的审批单"界面,查看待审批的事项—租赁生产线,并可点开左上角的"+"查看辅助决策的信息,点击"通过"完成审批(见图3-122)。

运营在"我的审批单"界面,点击"执行"(见图3-123)。

图3－122 "财务总监审批租赁生产线请示"界面

图3－123 "运营执行租赁生产线"界面

财务经理进入待办事项界面,点击"待办事项"—"审批通过",并按"确定"(见图3－124)。

图3－124 "财务经理审批租赁生产线租金"界面

出纳根据财务经理已审批事项,办理款项支付业务。然后进入"待办事项",按应待办事项逐一进行支付款项的审核,无误时按付款流程办理支付。符合支付要求的点击"银行支付"(见图3－125)

图3－125 "出纳支付生产线租金"界面

(2)电算化界面

本业务由运营(会计2)完成其账务处理(见图3－126)。

3)租赁/购买办公房

(1)主功能界面

本方案采用租赁方式取得办公房。运营点击"采购市场"—"购买租赁房产"

记 账 凭 证

凭证字 记
凭证号 12
日期：2017-10-02
附单据 3 张

摘 要	会 计 科 目	借方金额	贷方金额
租入电冰箱生产线	11230101 预付账款 租金 --电冰箱生产线	82051282	
租入电冰箱生产线	22210101 应交税费 应交增值税 --进项税额	13948718	
租入电冰箱生产线	10020101 银行存款 基本存款银行 --建行北京朝阳支行		96000000

结算方式 〔   〕 数量 〔   〕
结算号 〔   〕 单价 〔   〕 合计 96000000 96000000
结算日期 〔   〕 当前分录行：0

审核：张碧浓   过账：   制单：陈先钏

生产线租赁合同 ♻ 银行进账单 ♻ 增值税专用发票 ♻

图3-126 "租赁生产线"业务

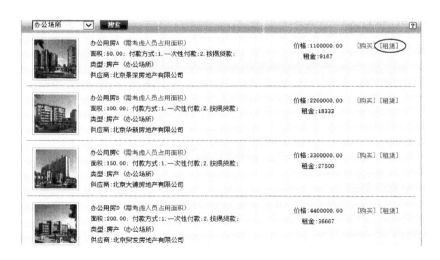

采购市场
外部机构
市场部
生产部
物资部
财务部

采购原材料
出售原材料
交换原材料
购买租赁房产
购买租赁生产线
购买其他资产

图3-127 "运营租赁办公房进入"界面

（见图3-127），进入"购买租赁房产"界面，选择需要租赁的办公用房（见图3-128）。

选择"办公场所"点击"租赁"进入房产租赁合同对话框（见图3-128），点击"确认提交"（见图3-129）。

办公场所 〔▼〕 搜索

办公用房A（需考虑人员占用面积）
面积:50.00; 付款方式:1.一次性付款;2.按揭贷款;
类型:房产（办公场所）
供应商:北京景深房地产有限公司
价格:1100000.00 [购买]（租赁）
租金:9167

办公用房B（需考虑人员占用面积）
面积:100.00; 付款方式:1.一次性付款;2.按揭贷款;
类型:房产（办公场所）
供应商:北京华新房地产有限公司
价格:2200000.00 [购买] [租赁]
租金:18333

办公用房C（需考虑人员占用面积）
面积:150.00; 付款方式:1.一次性付款;2.按揭贷款;
类型:房产（办公场所）
供应商:北京大腾房地产有限公司
价格:3300000.00 [购买] [租赁]
租金:27500

办公用房D（需考虑人员占用面积）
面积:200.00; 付款方式:1.一次性付款;2.按揭贷款;
类型:房产（办公场所）
供应商:北京贸发房地产有限公司
价格:4400000.00 [购买] [租赁]
租金:36667

图3-128 "运营选择要租赁的办公用房"界面

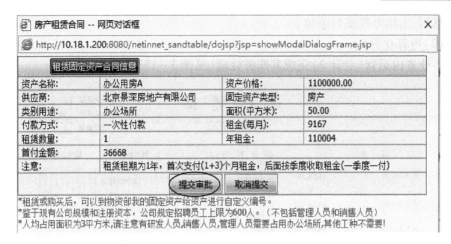

图 3 - 129 "运营提交租赁办公用房请示"界面

财务总监在"我的审批单"界面,查看待审批的事项—租赁办公用房,并可点开左上角的"＋"查看辅助决策的信息,点击"通过"完成审批(见图 3 - 130)。

图 3 - 130 "财务总监审批租赁办公用房请示"界面

运营在"我的审批单"界面,点击"执行"(见图 3 - 131)。

图 3 - 131 "运营执行租赁办公用房"界面

财务经理进入待办事项界面,点击"待办事项"—"审批通过",并按"确定"(见图 3 - 132)。

图 3 - 132 "财务经理审批租赁办公用房"界面

然后,出纳办理支付手续。

(2)电算化界面

本业务由运营(会计2)完成其账务处理(见图3-133)。

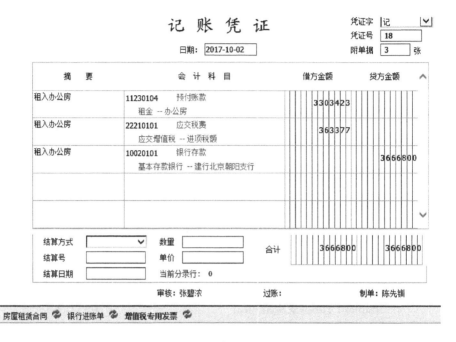

图3-133 "租赁办公房"业务

3.3.1.2.2 无形资产

1)主功能界面

运营点击"生产部"—"研发投入"(见图3-134)进行研发。

进入产品研发投入界面,选择需要研发的产品,点击"投入研发"(见图3-135)。

图3-134 "运营研发投入"界面

序号	产品名称	当前研发级别	投放研发人员数量	累计投入研发费用	研发效果	操作
1	消毒柜	未到达	1	250297.10	研发效果查询	投入研发
2	冰箱	未到达	0	0.00	研发效果查询	投入研发

每月的15号之前才能投入研发,每月的20号之后才能终止研发
研发一旦中止,当年度不能再次投入。研发项目已经完成形成无形资产的,不需继续投入。

图3-135 "运营选择研发产品"界面

　　进入该产品研发界面,填写投入原材料数量和研发人员数量,点击"提交审批",完成研发投入(见图3-136)。在产品研发历史记录中可以查看到每次投入研发的内容及金额。当研发投入到一定程度,会增加产品的附加值影响产品市价。达到高新企业标准的,可以申请高新企业认证。

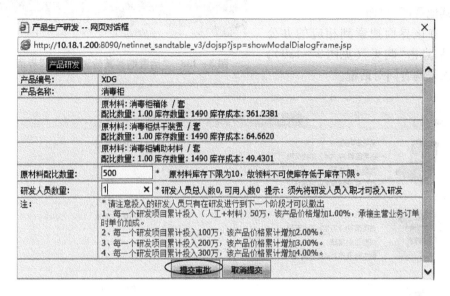

图3-136 "填写研发清单并提交"界面

2)电算化界面

本业务由会计(会计3)完成其账务处理(见图3-137)。

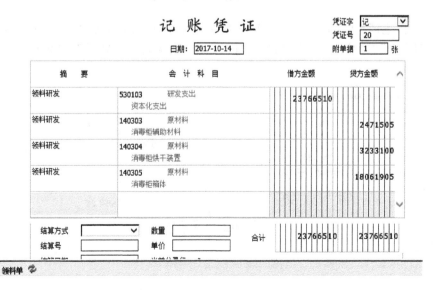

图3-137 "投入研发"业务

3.3.1.2.3 其他资产

1）主功能界面

运营点击"采购市场"—"购买其他资产"（见图3-138）进入"购买其他资产"界面

在该界面搜索到相应的办公用品,点击"购买"（见图3-139）,进入采购合同对话框。

图3-138 "运营购买其他资产进入"界面

其他资产名称：	搜索		？
笔记本电脑 占用面积(平方米):不占面积 类型:办公用品 供应商:北京美丰电器商场		价格:4460.00	[购买]
打印机 占用面积(平方米):不占面积 类型:办公用品 供应商:北京美丰电器商场		价格:2525.00	[购买]
复印机 占用面积(平方米):不占面积 类型:办公用品 供应商:北京美丰电器商场		价格:5364.00	[购买]

图3-139 "运营选择购买其他资产"界面

点击笔记本电脑"购买"进入购买清单,在该对话框下输入选择好的资产的"折旧月份""净残值比率""购买数量",点击"确认提交"（见图3-140）。

采购其他资产合同信息			
资产名称：	打印机	资产价格：	2525.00
供应商：	北京美丰电器商场	固定资产类型：	办公用品
折旧月份：	36 *	净残比率(百分比)：	0 %*
付款方式：	一次性付款		
需要交税：	增值税(一般纳税人):17.00%		
税额：	429.25	价税合计：	2954.25
购买数量：	1 ✕ *	金额：	2954.25

提交审批　　取消提交

请注意:此固定资产购买之后无法出售

**折旧月数和净残值比率可根据企业情况自主填写,如果和税法有冲突,所得税汇算清缴时需要调整。

*租赁或购买后,可以到物资部我的固定资产给资产进行自定义编号。

图3-140 "运营填写购买清单"界面

财务经理接到"系统消息"提示后,进入"待办事项栏"查看待审批的事项—购买相关资产事项,点击"审批通过"完成付款审批程序(见图3−141)。

图3−141 "财务经理审批购买其他资产款项"界面

然后,出纳办理支付手续。

本方案还购买电脑和复印机,其操作方法与购买打印机相同。

2)电算化界面

本业务由会计(会计3)完成其账务处理(见图3−142、图3−143、图3−144)。

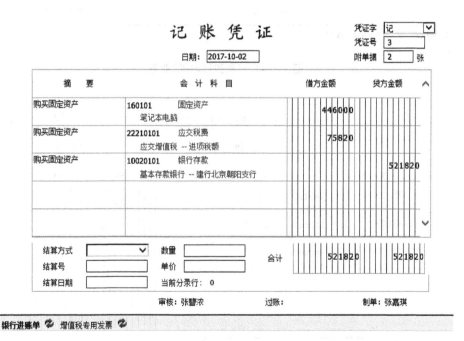

图3−142 "购买笔记本电脑"业务

记 账 凭 证

凭证字 记
凭证号 4
日期：2017-10-02
附单据 2 张

摘 要	会 计 科 目		借方金额	贷方金额
购买固定资产	160103	固定资产 打印机	252500	
购买固定资产	22210101	应交税费 应交增值税 --进项税额	42925	
购买固定资产	10020101	银行存款 基本存款银行 --建行北京朝阳支行		295425

结算方式	▼	数量	合计	295425	295425
结算号		单价			
结算日期		当前分录行： 0			

审核：张碧浓　　　过账：　　　　　制单：张嘉琪

银行进账单 🔁 增值税专用发票 🔁

图 3 – 143 "购买打印机"业务

记 账 凭 证

凭证字 记
凭证号 5
日期：2017-10-02
附单据 2 张

摘 要	会 计 科 目		借方金额	贷方金额
购买固定资产	160102	固定资产 复印机	536400	
购买固定资产	22210101	应交税费 应交增值税 --进项税额	91188	
购买固定资产	10020101	银行存款 基本存款银行 --建行北京朝阳支行		627588

结算方式	▼	数量	合计	627588	627588
结算号		单价			
结算日期		当前分录行： 0			

审核：张碧浓　　　过账：　　　　　制单：张嘉琪

银行进账单 🔁 增值税专用发票 🔁

图 3 – 144 "购买复印机"业务

❋ 拓展领域(一)——金融资产

1. 主功能界面

财务经理点击"财务部"—"筹资投资业务执行"(见图3-145)进入筹资投资业务执行界面,可查看已完成的投资事项,也可以查看其他可投资的事项(见图3-146)。

图3-145 "筹资投资业务执行"界面

业务标题	业务描述	业务日期范围	业务是否可选	业务状态	操作
股票投资	三峡水利市价:4.33今年三季度:每股净资产4.21 每股收益0.61 每股现金流0.29 总股本:608.9亿	2016-10-08 ~ 2016-10-08	可选	未执行	查看
股票投资	九龙电力市价:12.11今年三季度:每股净资产5.35 每股收益0.85 每股现金流0.53 总股本:133.84亿	2016-10-08 ~ 2016-10-08	可选	未执行	查看
股票投资	紫金矿业市价:6.80今年三季度:每股净资产4.12每股收益0.43 每股现金流0.13 总股本:333.21亿	2016-10-08 ~ 2016-10-08	可选	未执行	查看

第1页/共1页 共3行/每页10行 [首页][前一页][后一页][尾页] 第1页

图3-146 "股票投资"界面

选中所要购买的股票,点击"查看",输入购买数量,然后点击"执行任务"(见图3-147)。

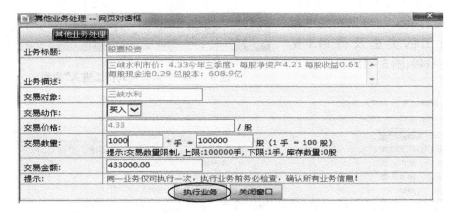

图3-147 "股票购买清单"界面

2. 电算化界面

本业务由会计(会计3)完成其账务处理(见图3-148)。

记 账 凭 证

凭证字 | 记 |
凭证号 14
附单据 2 张

日期: 2016-10-08

摘 要		会 计 科 目	借方金额	贷方金额
购买股票	11010101	交易性金融资产 股票 -- 三峡水利	21650000	
购买股票	6111	投资收益		21650
购买股票	10020101	银行存款 基本存款账户 -- 建行北京朝阳支行		21671650

结算方式 | ∨ 数量 | 合计 21671650 21671650
结算号 | 单价 |
结算日期 | 当前分录行: 0

审核: 张碧浓　　　　过账:　　　　　　制单: 张嘉琪

股票交割单 🔁　银行进账单 🔁

图 3 - 148　"股票购买"业务

3.3.1.3　人员招聘、入职

主功能界面:

运营进入人力资源部,点击"招聘员工",可以看到可招聘员工的类型及待遇(见图 3 - 149、图 3 - 150)

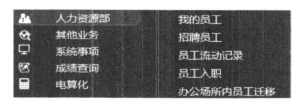

图 3 - 149　"运营招聘员工进入"界面

招聘员工 -- 网页对话框

http://10.18.1.200:8080/netinnet_sandtable/dojsp?jsp=showModalDialogFrame.jsp

招聘员工

序号	员工类型	员工部门	工资	当前人数	操作
1	生产人员	生产部	3000.00		招聘
2	研发人员	研发部	5000.00		招聘
3	厨师	综合管理部	3500.00		招聘

第1页/共1页 共3行/每页10行 [首页][前一页][后一页][尾页] 第1页∨

*鉴于现有公司规模和注册资本,公司规定招聘员工上限为600人。(不包括系统自动配给的管理人员、销售人员以及生产线管理人员)
生产线管理人员为系统自动配给,每新增一种产品的生产线,则自动配给5个
**其中厨师仅适合其他业务中的餐饮业务B、餐饮业务A、餐饮业务C

*人均占用面积为3平方米,请注意有研发人员、销售人员、管理人员需要占用办公场所,其他工种不需要!

图 3 - 150　"查看员工待遇"界面

选择需要招聘的员工类型,点击"招聘",填写招聘数量,确认招聘(见图3-151)。

运营填写决策单,然后提交至总监进行决策审批(见图3-152)。

财务总监在"我的审批单"里面对运营提交的决策申请进行审批(见图3-153),审批后点击"通过"。

注意:如果点击"不通过",表示此决策被拒绝,不能被执行。

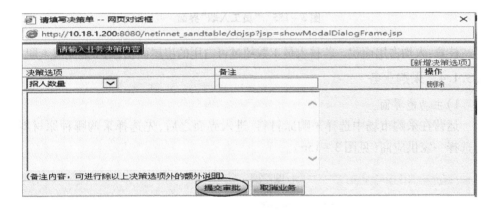

图3-151 "运营填写招聘员工数量"界面

图3-152 "运营填写决策清单"界面

图3-153 "财务总监审批招聘员工"界面

运营在"我的审批单"里面,可以"执行"或"作废"审批单(见图3-154)。

图3-154 "运营执行员工招聘"界面

管理人员、销售人员和研发人员需要办理入职手续,点击"员工入职",进入员工入职界面(见图3-155)。录入需要移入人数并勾选,点击"移入"完成入职。

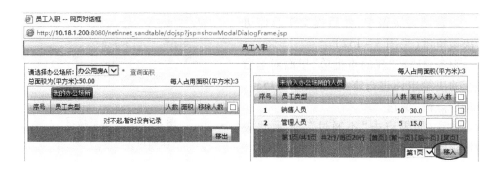

图3-155 "员工入职"界面

注意:人均占用面积。若移入员工数超过可占用的房屋面积,则不能完成入职。

3.3.1.4 采购业务

1)主功能界面

运营在采购市场中选择采购原材料,进入界面之后,先选择采购哪种原材料,再选择一家供应商(见图3-156)。

图3-156 "选择购买材料"界面

可通过翻页找到合适的价格,点击"购买",进入购买详细页面,其他材料购买也在此界面完成,运营可以再次选择购买数量,量越大折扣越大,最后选择发货方式和付款方式,这两个选项的可供选择项跟企业的信誉值有关,信誉值越低可选项就越少,确定后点击"提交审批",填写决策单给财务总监。点击"确认提交",将提交决策申请至财务总监处。财务总监将进行决策审批(见图3-157、图3-158)。

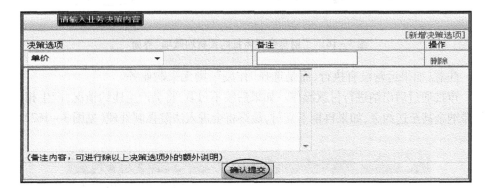

图3-157 "填写购买材料数量"界面

图3-158 "填写决策清单"界面

注意:如果不通过则此业务运营角色无法执行,如果通过则业务交还运营角色确定执行或者作废(见图3-159)。

图 3 – 159　"财务总监审批购买材料请示"界面

运营角色执行后则此笔业务正式执行完毕(见图 3 – 160)。

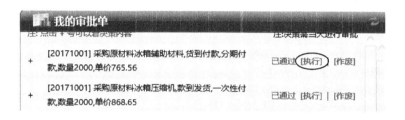

图 3 – 160　"运营执行购买材料"界面

如果选择款到发货,则将产生相应的付款要求,需要财务经理审批;选择货到付款,则付款要求会在原材料到货之后产生,同样需要财务经理审批(见图 3 – 161)。

图 3 – 161　"财务经理审批购买材料款项"界面

注意:如果运营没有执行,而是选择"作废",则无采购业务。

审批通过后出纳进行付款操作。如果后续不付款,将会产生违约情况,产生相应的滞纳金甚至违约金,如果再拒不支付,最终将会进入法院强制处理(见图 3 – 162)。

图 3 – 162　"出纳支付购买材料款项"界面

2)电算化界面

本业务由出纳(会计1)完成其账务处理(见图3-163)。

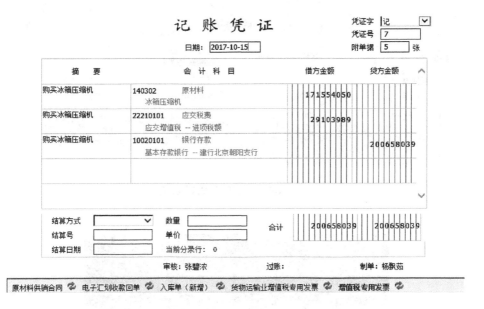

图3-163 "购买材料"业务

3.3.1.5 生产业务

1)生产线安装

主功能界面:

企业在租赁生产线后需要进行生产线安装调试。运营点击"进行安装确认",选择"生产部"菜单,点击"生产线安装或移出"(见图3-164)。

图3-164 "进入生产线安装"界面

选择需要移入厂房的生产线,移入已选择好的厂房,安装调试就成功了。企业如果不想继续生产,还可以移出生产线(见图3-165)。

2)产品生产

(1)主功能界面

运营选择"生产部"菜单,点击"产品生产"(见图3-166)。

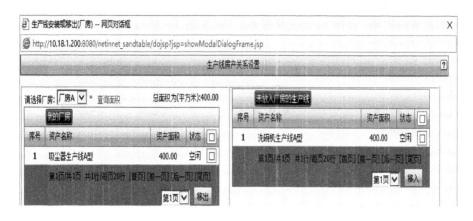

图 3 - 165　"生产线安装"界面

图 3 - 166　"生产产品进入"界面

进入产品生产界面,选择需要生产的产品,点击"生产"(见图 3 - 167)。

原材料库存			?
原材料编号	原材料名称	库存数量	库存单位
B002	冰箱辅助材料	2000	套
X003	消毒柜辅助材料	2000	套
X002	消毒柜烘干装置	2000	套
X001	消毒柜箱体	2000	套

第1页/共1页 共4行/每页5行 [首页][第一页][后一页][尾页] 第1页 ▼

产品生产			
产品编号	产品名称	原材料配比	操作
BX	冰箱	1套冰箱辅助材料,1套冰箱压缩机	生产
XDG	消毒柜	1套消毒柜箱体,1套消毒柜烘干装置,1套消毒柜辅助材料	生产

生产提示:
产品生产必要条件:1.原材料足够,2.生产线已安装并移入厂房。
生产耗用工时=生产数量*单位产品人均耗用工时*生产人员数量
单位产品耗用工时,意指生产一件产品,在生产人员一人的情况下,所需耗用天数。

图 3 -167　"选择生产产品"界面

录入需要生产的数量、投入生产人员的数量,点击"提交审批",提交决策申请
至财务总监处(见图 3 - 168)。

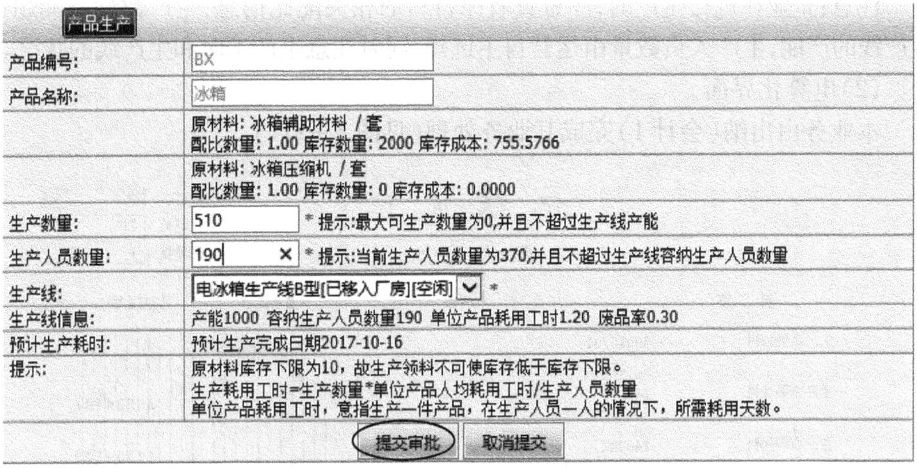

図3-168 "填写生产数量清单"界面

财务总监进行决策审批(见图3-169)。

图3-169 "总监审批生产请示"界面

财务总监通过决策后,由运营继续执行生产业务。

执行后,将提示生产将在几天后完成,之后在生产信息中查看生产情况(见图3-170)。

产品编号	产品名称	批次号	生产线	废品率	生产数量	生产人员	开始日期	结束日期	已生产天数	剩余天数	产成品比例
BX	冰箱	BX-20171024-002	电冰箱生产线B型	0.30%	50	190	2017-10-24	2017-10-25	1	0	100%
XDG	消毒柜	XDG-20171015-002	消毒柜生产线A型	0.50%	100	180	2017-10-15	2017-10-16	1	0	100%
BX	冰箱	BX-20171014-001	电冰箱生产线B型	0.30%	510	190	2017-10-14	2017-10-18	4	0	100%

図3-170 "查看生产信息"界面

注意:企业在进行生产时,注意查看原材料的相关配比信息,生产数量不能超过生产线的产能,生产人员数量由运营自主选择,同时注意生产工时和生产线的状况。

(2)电算化界面

本业务由出纳(会计1)完成其业务处理(见图3-171)。

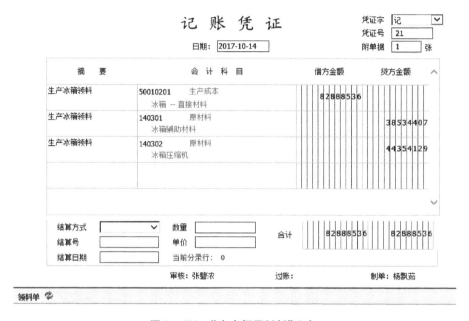

图3-171 "生产领用材料"业务

3.3.1.6 销售业务

1)承接订单

主功能界面:

运营可以选择进入市场部菜单(见图3-172),点击"产品信息查询"可以查看产品信息(见图3-173、图3-174),了解产品市场。根据产品市场价格趋势来确定何时承接主营业务订单。

图3-172 "产品信息查询"界面

产品编号	产品名称	原材料配比	操作
XDG	消毒柜	1套消毒柜箱体,1套消毒柜烘干装置,1套消毒柜辅助材料	产品价格图
BX	冰箱	1套冰箱辅助材料,1套冰箱压缩机	产品价格图
DRSQ	电热水器	1套电热水器加热材料,1套电热水器辅助材料	产品价格图

第1页/共1页 共3行/每页20行 [首页][前一页][后一页][尾页] 第1页

图3-173 "产品价格查看"界面

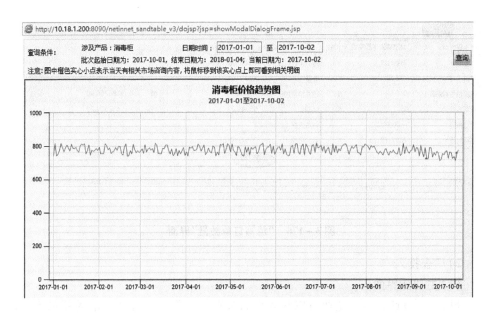

图 3 - 174 "产品价格信息"界面

回到主功能界面进入市场菜单(见图 3 - 172)点击"承接主营业务订单",进入承接订单界面(见图 3 - 175)。

序号	合同名称	合同产品	合同类型	合同所属市场	市场划分	操作
1	消毒柜订单500-01	消毒柜	普通合同	国内初级市场	一类低级	[查看订单] [客户信息]
2	消毒柜订单800-02	消毒柜	普通合同	国内初级市场	一类低级	[查看订单] [客户信息]
3	消毒柜订单600-01	消毒柜	普通合同	国内初级市场	一类高级	[查看订单] [客户信息]
4	电热水器订单200-01	电热水器	普通合同	国内初级市场	一类低级	[查看订单] [客户信息]
5	电热水器订单600-01	电热水器	普通合同	国内初级市场	一类高级	[查看订单] [客户信息]
6	电热水器订单1500-01	电热水器	普通合同	国内中级市场	二类	[查看订单] [客户信息]
7	冰箱订单800-01	冰箱	普通合同	国内初级市场	一类低级	[查看订单] [客户信息]
8	冰箱订单200-01	冰箱	普通合同	国内初级市场	一类低级	[查看订单] [客户信息]
9	冰箱订单500-01	冰箱	普通合同	国内初级市场	一类低级	[查看订单] [客户信息]
10	冰箱订单1500-01	冰箱	普通合同	国内中级市场	二类	[查看订单] [客户信息]

图 3 - 175 "承接业务订单"界面

根据销售数量选择订单,点击"查看订单"(见图 3 - 175),如需查看该订单对应的客户的详细信息,可点击"客户信息"。

点击"承接订单"(见图 3 - 176),选择客户后点击"承接订单",订单生成。在"合同清单及发货"中可以完成"发货",还可以查看订单合同。

合同详情						
请选择客户	北京麦琳电器商场 ✓	*请注意选择不同的客户可能有不同的付款方式、单价和付款规则				
付款方式	货到付款	违约金百分比	30.00 %			
单价	773.52	数量	500			
研发价格影响率	0 %	研发单价加成	773.52	金额	386760.00	
税率	17 %	税额	65749.20	价税合计	452509.20	
付款规则	一次性付款	付款天数	5			
到帐时间	2017-10-25	签约日期	2017-10-02			

承接订单

*企业超过发货时间20天内,系统扣企业信誉值每天0.20分,20天后还未发货的,按违约处理。学生需要交纳违约金为合同总金额的30.00%,可延期支付违约金,延期天数为10天,延期内扣除信誉值0.30分每天。支付违约金的同时,合同终止。

图 3 – 176　"填写订单数量"界面

2)广告投入

(1)主功能界面

投放一定量的广告,企业可以接到更高级别的订单。运营进入市场部菜单,点击"投放广告费"(见图3 – 177),选择投放广告产品(见图3 – 178)。

图 3 – 177　"投放广告"界面

投放广告费						?
已投广告费	产品	当前市场	下一市场	距下一市场差额	操作	
0.00	消毒柜	国内初级市场(一类低级)	国内初级市场(一类高级)	350000.00		投入广告费
0.00	冰箱	国内初级市场(一类低级)	国内初级市场(一类高级)	600000.00		投入广告费
0.00	电热水器	国内初级市场(一类低级)	国内初级市场(一类高级)	700000.00		投入广告费

投放广告费历史记录						
序号	投放产品	投放时间	金额(¥)	备注	状态	操作
			对不起,暂时没有记录			

图 3 – 178　"选择投放广告"界面

运营输入决策项信息,提交给财务总监进行审批(见图3 – 179)。

财务总监到审批界面对当前的决策进行审批,点击"通过",表示这个决策审批通过,运营执行该操作(见图3 – 180)

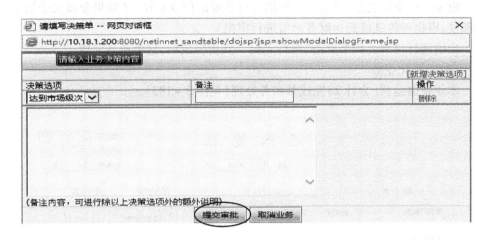

图 3 – 179　"填写决策清单"界面

图 3 – 180　"财务总监审批投放广告"界面

运营在"我的审批单"里点击"执行",即可执行投放广告费的动作,并产生付款审批到财务经理进行审批。(见图 3 – 181)。

图 3 – 181　"运营执行广告投放"界面

财务经理对提交的付款审批单进行审批(见图 3 – 182)。

图 3 – 182　财务经理审批广告投放款

　　财务经理审批通过,将发送至出纳进行必要的付款动作。(如果金额大于指定的额度,审批单将继续到达财务总监进行审批)

　　出纳进行付款。如果点击"银行支付",支付完成后,这笔业务完成。

　　(2)电算化业务

　　本业务由运营(会计2)完成其账务处理(见图3-183)。

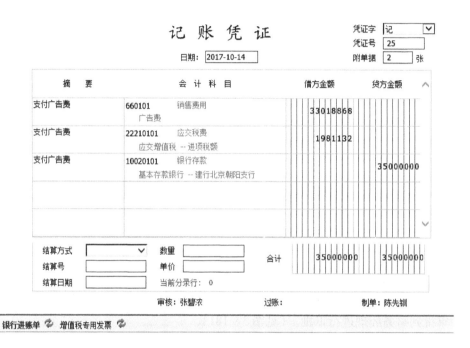

图3-183　"支付广告费"业务

3)销售发货

(1)主功能界面

运营点击"市场部",然后点击"合同清单及发货"(见图3-184)。

图3-184　"发货"界面

选择适合的数量进行发货(见图3-185)。

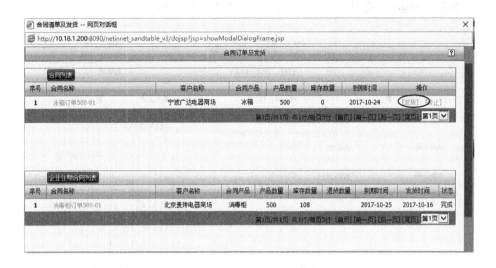

图3-185 "选择发货数量"界面

销售业务完成需要开具发票,会计可以选择"财务部"菜单,点击"开具产品销售发票"或"售材料、固定资产开票"进入开具发票界面(见图3-186)。

点击"开具发票",发票即开具成功(图3-187)。

图3-186 "进入开发票"界面

图3-187 "开具发票"界面

119

(2) 电算化界面

本业务由运营(会计2)完成其账务处理(见图3-188)。

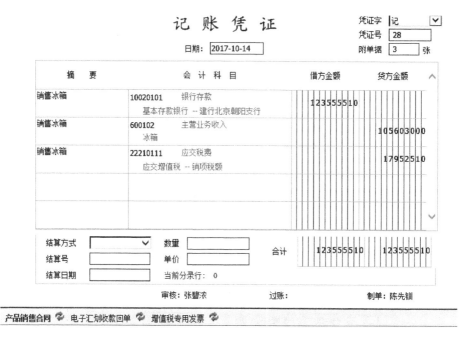

图3-188 "销售商品"业务

✱ 拓展领域(二)——出售原材料

1. 主功能界面

出售原材料,运营需进入采购市场点击"出售原材料"按钮,进入出售界面(见图3-189)。

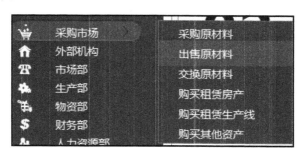

图3-189 "进入出售原材料"界面

选择需要出售的材料,点击"出售",进入出售该材料界面(见图3-190)。

原材料编号	原材料名称	库存数量	库存单位	操作
B002	冰箱辅助材料	1490	套	[出售]
X003	消毒柜辅助材料	890	套	[出售]
X002	消毒柜烘干装置	890	套	[出售]
X001	消毒柜箱体	890	套	[出售]
B001	冰箱压缩机	3490	套	[出售]

第1页/共1页 共5行/每页10行 [首页] [前一页] [后一页] [尾页] 第1页

图3-190 "选择出售原材料"界面

选择供应商,填写需要出售的数量,点击"提交审批"按钮,提交决策申请至财务总监处,由财务总监进行决策审批(见图3-191)。

图3-191 "填写出售原材料清单"界面

财务总监审核通过后,由运营角色确认执行业务(见图3-192)。

图3-192 "财务总监审批出售原材料"界面

运营角色确认执行业务后(见图3-193),出售原材料正式完成,原材料将进行出库确认。

图3-193 "运营执行出售原材料"界面

2. 电算化界面

本业务由出纳(会计1)完成其账务处理(见图3－194)。

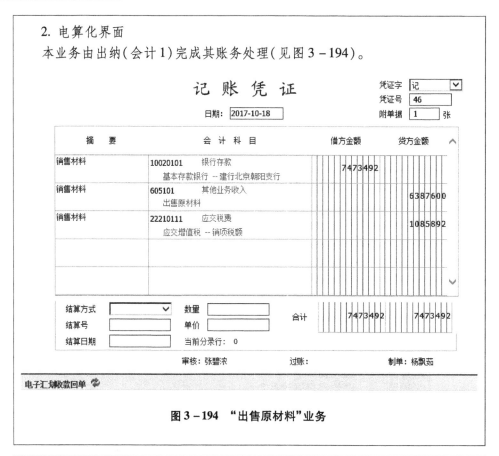

图3－194 "出售原材料"业务

✱ 拓展领域(三)——非货币性交易

1. 主功能界面

运营点击"采购市场",然后选择"交换原材料"(见图3－195)。

图3－195 "进入交换原材料"界面

选择要进行交换的产品(见图3－196)。

填上合适的数量,点击"提交审批"(见图3－197)。

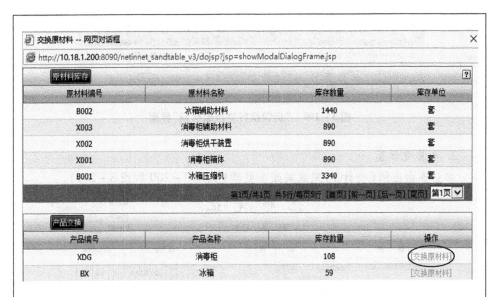

图 3 – 196 "选择交换原材料"界面

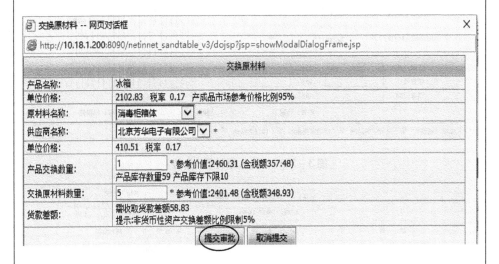

图 3 – 197 "填写交换原材料数量清单"界面

财务总监审核通过后(见图 3 – 198),由运营角色确认执行业务(见图 3 – 199)。

图 3 – 198 "财务总监审批交换原材料"界面

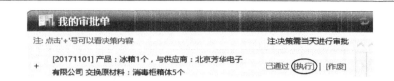

图 3 – 199 "运营执行交换原材料"界面

2. 电算化界面

本业务由出纳(会计 1)完成其账务处理(见图 3 – 200 和图 3 – 201)。

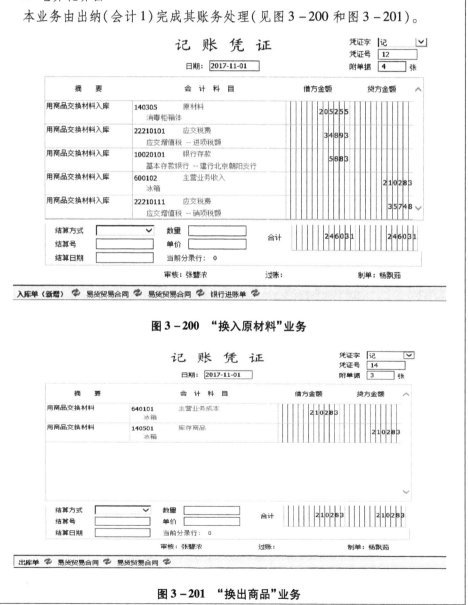

图 3 – 200 "换入原材料"业务

图 3 – 201 "换出商品"业务

3.3.1.7 其他费用

本平台涉及的其他费用,如:仓储费、差旅费等原始单据系统自动生成,主要在"电算化界面"完成。

1)仓储费

仓储费由会计(会计3)完成(见图3-202)。

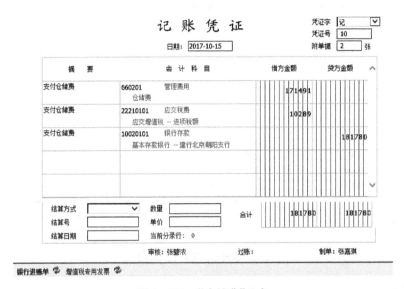

图 3-202 "仓储费"业务

2)销售人员差旅费

销售人员差旅费由运营(会计2)完成(见图3-203)。

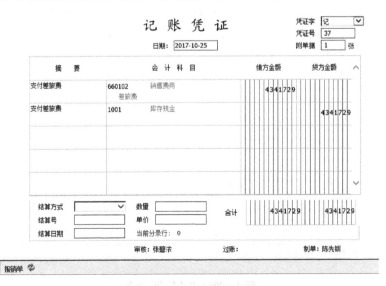

图 3-203 "差旅费"业务

3）办公费

办公费由运营（会计2）完成（见图3－204）。

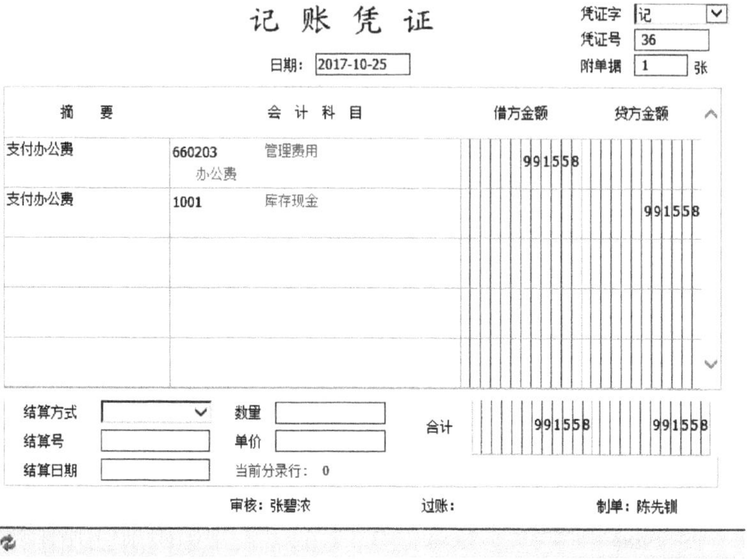

记 账 凭 证

凭证字 记　凭证号 36　附单据 1 张

日期：2017-10-25

摘要	会计科目	借方金额	贷方金额
支付办公费	660203 管理费用 办公费	991558	
支付办公费	1001 库存现金		991558
合计		991558	991558

结算方式　数量　结算号　单价　结算日期　当前分录行：0

审核：张碧浓　过账：　制单：陈先钏

报销单

图3－204 “办公费”业务

4）通信费

通信费由运营（会计2）完成（见图3－205）。

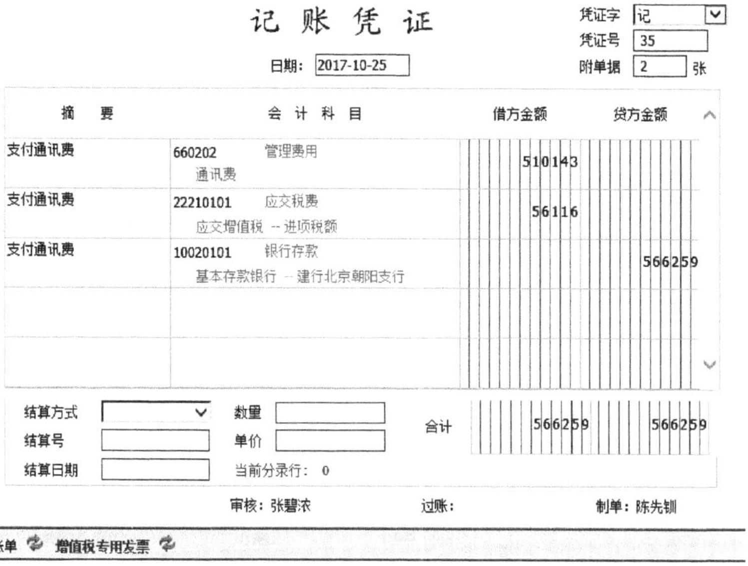

记 账 凭 证

凭证字 记　凭证号 35　附单据 2 张

日期：2017-10-25

摘要	会计科目	借方金额	贷方金额
支付通讯费	660202 管理费用 通讯费	510143	
支付通讯费	22210101 应交税费 应交增值税－进项税额	56116	
支付通讯费	10020101 银行存款 基本存款银行－建行北京朝阳支行		566259
合计		566259	566259

结算方式　数量　结算号　单价　结算日期　当前分录行：0

审核：张碧浓　过账：　制单：陈先钏

银行进账单　增值税专用发票

图3－205 “通信费”业务

5）提现

提现由运营（会计2）完成（见图3-206）。

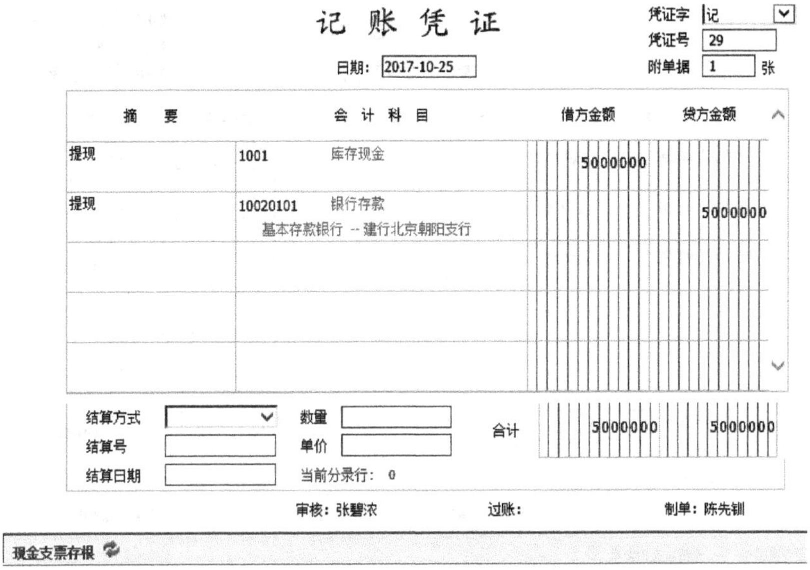

图3-206 "提现"业务

6）办公用水费

办公用水费由运营（会计2）完成（见图3-207）。

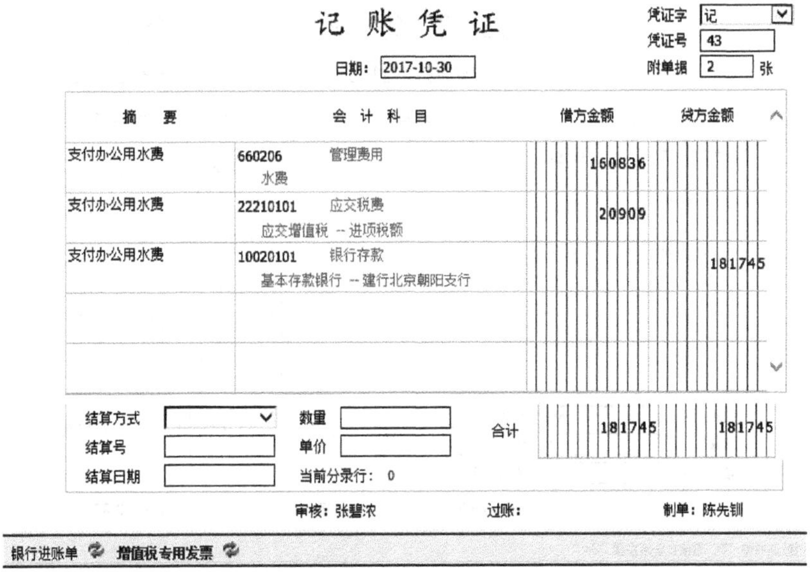

图3-207 "办公用水费"业务

7）办公用电费

办公用电费由运营（会计2）完成（见图3－208）。

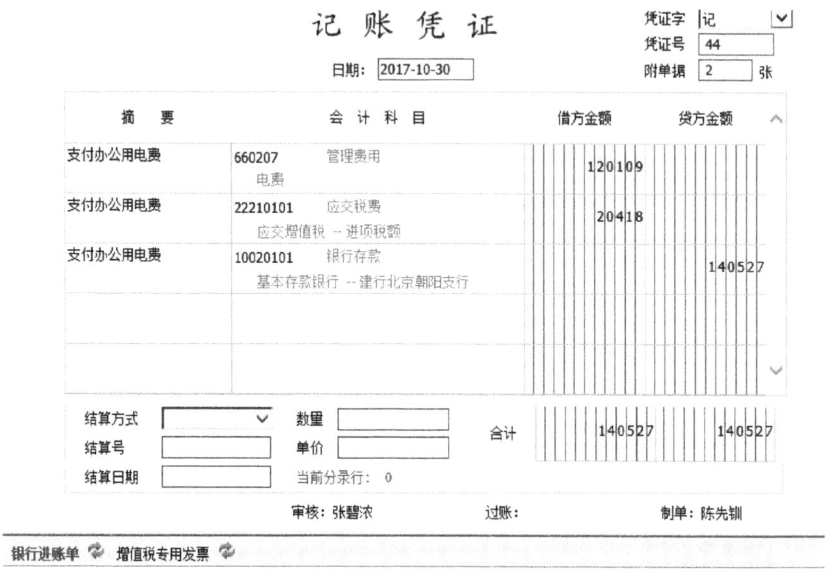

图3－208 "办公用电费"业务

8）生产用水费

生产用水费由会计（会计3）完成（见图3－209）。

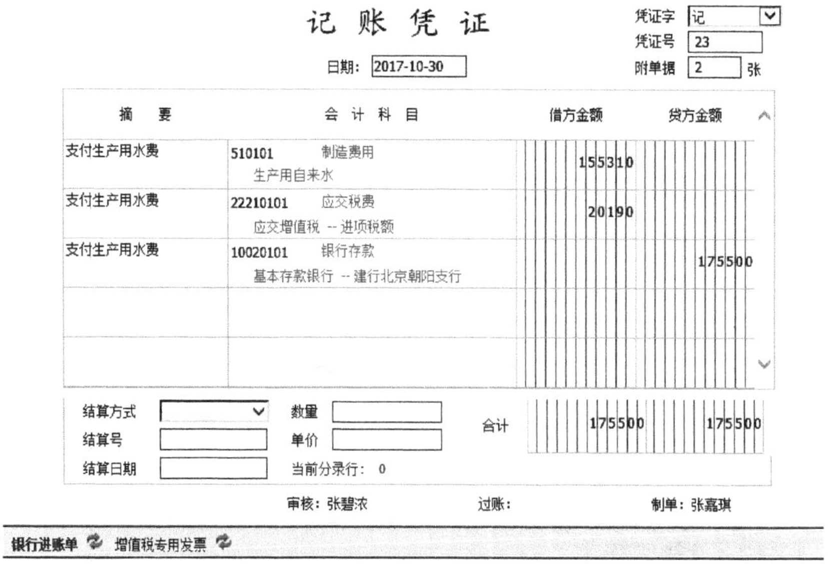

图3－209 "生产用水费"业务

9）生产用电费

生产用电费由会计（会计 3）完成（见图 3 - 210）。

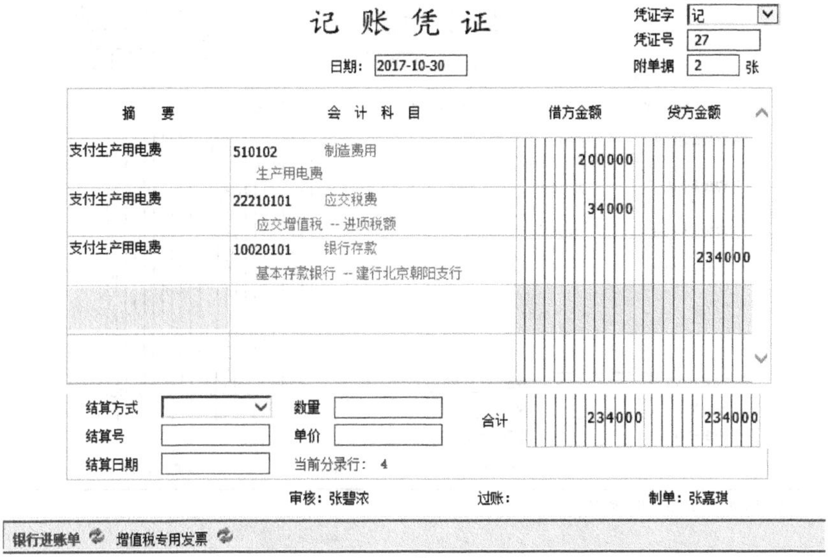

记 账 凭 证

凭证字 记
凭证号 27

日期：2017-10-30　　　　　　　　附单据 2 张

摘 要	会 计 科 目		借方金额	贷方金额
支付生产用电费	510102	制造费用	200000	
		生产用电费		
支付生产用电费	22210101	应交税费	34000	
		应交增值税 -- 进项税额		
支付生产用电费	10020101	银行存款		234000
		基本存款银行 -- 建行北京朝阳支行		

结算方式　　　　　　数量　　　　　　　合计　　234000　　234000
结算号　　　　　　　单价
结算日期　　　　　　当前分录行：4

审核：张碧浓　　　　过账：　　　　　　制单：张嘉琪

银行进账单　增值税专用发票

图 3 - 210　"生产用电费"业务

10）业务招待费

业务招待费由运营（会计 2）完成（见图 3 - 211）。

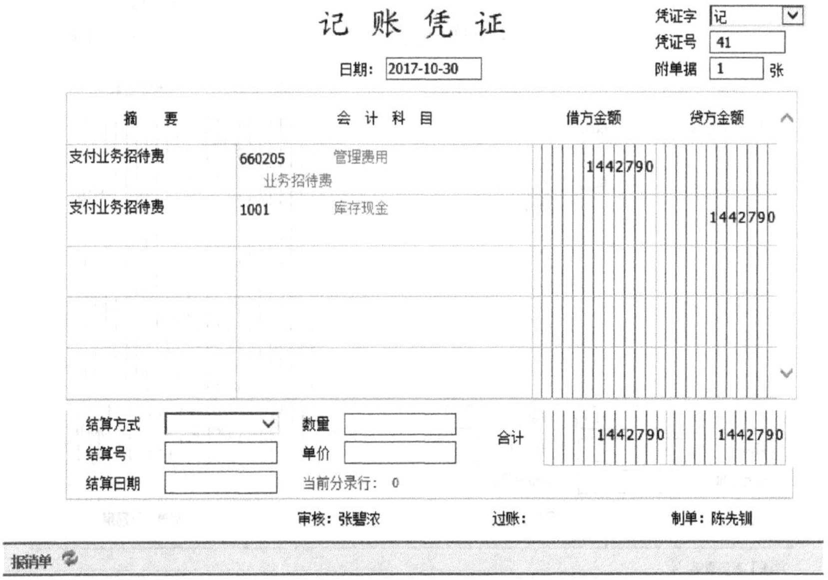

记 账 凭 证

凭证字 记
凭证号 41

日期：2017-10-30　　　　　　　　附单据 1 张

摘 要	会 计 科 目		借方金额	贷方金额
支付业务招待费	660205	管理费用	1442790	
		业务招待费		
支付业务招待费	1001	库存现金		1442790

结算方式　　　　　　数量　　　　　　　合计　　1442790　　1442790
结算号　　　　　　　单价
结算日期　　　　　　当前分录行：0

审核：张碧浓　　　　过账：　　　　　　制单：陈先铜

报销单

图 3 - 211　"业务招待费"业务

11）低值易耗品

低值易耗品由会计（会计3）完成（见图3-212）。

记 账 凭 证

凭证字 记

凭证号 30

日期：2017-10-30　　附单据 2 张

摘　要	会 计 科 目		借方金额	贷方金额
采购低值易耗品	510103	制造费用	200000	
		低值易耗品		
采购低值易耗品	22210101	应交税费	34000	
		应交增值税 -- 进项税额		
采购低值易耗品	10020101	银行存款		234000
		基本存款银行 -- 建行北京朝阳支行		

结算方式　　　　　　数量

结算号　　　　　　　单价　　　　　　　合计　　234000　　234000

结算日期　　　　　　当前分录行： 0

审核：张馨浓　　　　过账：　　　　　　制单：张嘉琪

银行进账单 💱 增值税专用发票 💱

图3-212　"低值易耗品"业务

12）凭证工本费

凭证工本费由会计（会计3）完成（见图3-213）。

记 账 凭 证

凭证字 记

凭证号 49

日期：2017-10-31　　附单据 1 张

摘　要	会 计 科 目		借方金额	贷方金额
支付凭证工本费	660303	财务费用	5600	
		工本费		
支付凭证工本费	10020101	银行存款		5600
		基本存款银行 -- 建行北京朝阳支行		

结算方式　　　　　　数量

结算号　　　　　　　单价　　　　　　　合计　　5600　　5600

结算日期　　　　　　当前分录行： 0

审核：张馨浓　　　　过账：　　　　　　制单：张嘉琪

凭证工本费清单 💱

图3-213　"凭证工本费"业务

13）利息

利息由会计（会计3）完成（见图3－214）。

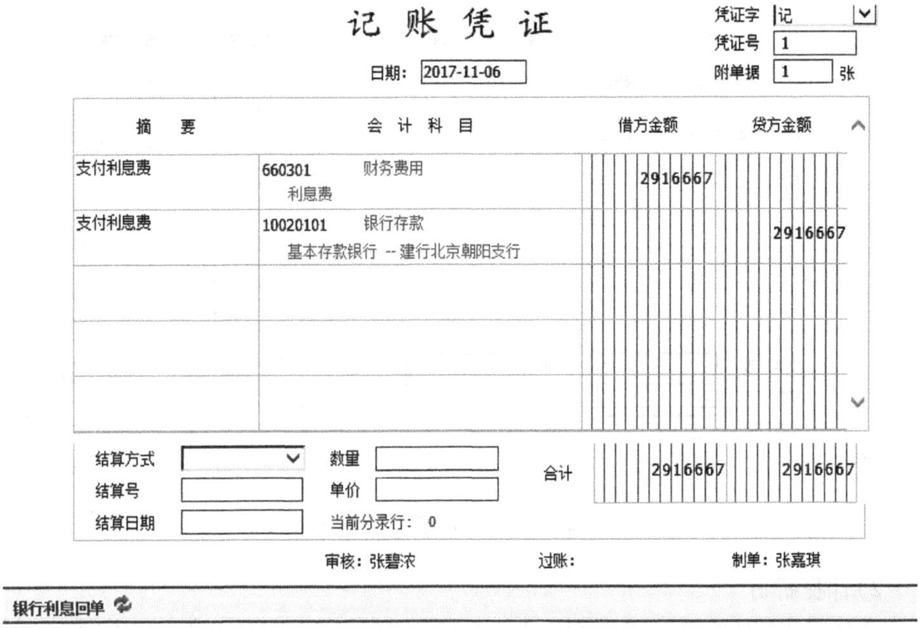

记 账 凭 证

凭证字 记
凭证号 1
日期：2017-11-06   附单据 1 张

摘 要	会 计 科 目	借方金额	贷方金额
支付利息费	660301 财务费用 利息费	2916667	
支付利息费	10020101 银行存款 基本存款银行 -- 建行北京朝阳支行		2916667

结算方式 ▼   数量 ___
结算号 ___   单价 ___   合计 2916667 2916667
结算日期 ___   当前分录行：0

审核：张碧浓   过账：   制单：张嘉琪

银行利息回单

图3－214 "支付利息"业务

3.3.2 期末工作结转

期末工作结转涉及的岗位主要为财务总监和会计。

会计应根据成本计算的步骤依次填写"工资费用分配表""制造费用分配表""完工产品与月末在产品成本分配表"，不可调整填写顺序。在填写成本计算表时除了依据界面下方提供的原始单据外还应去查询所需要的明细账，例如"生产成本""制造费用"明细账，产品出库、入库数量（物资部→产品成本变动记录）等进行查询。

1）计提产品保证金

财务总监点击"电算化"—"凭证录入"—"直接录入，无原始单据凭证"，填写"产品质量保证金"记账凭证（见图3－215）。

✱ 说明：

财务总监应先查询收入明细账，统计本月产品销售收入金额，然后计算产品质量保证金。

产品质量保证金＝本月销售收入金额×预计比例

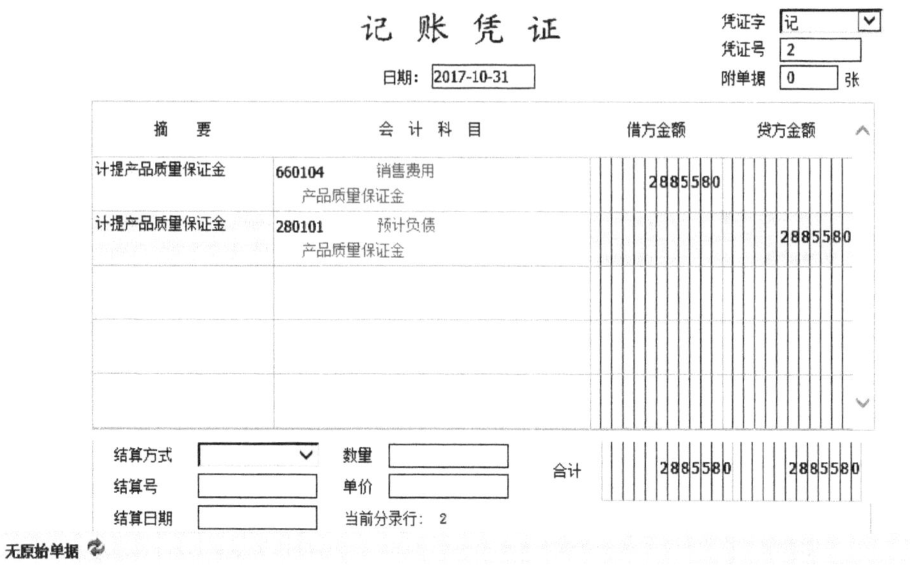

记 账 凭 证

凭证字 [记 ▼]

凭证号 [2]

日期：[2017-10-31]

附单据 [0] 张

摘　要	会 计 科 目		借方金额	贷方金额	∧
计提产品质量保证金	660104	销售费用	2885580		
		产品质量保证金			
计提产品质量保证金	280101	预计负债		2885580	
		产品质量保证金			
					∨

结算方式 [　　　▼]　数量 [　　　]

结算号 [　　　]　单价 [　　　]　合计　2885580　2885580

结算日期 [　　　]　当前分录行：2

无原始单据 ↻

图 3 - 215　"计提质量保证金"业务

2）计提折旧

会计点击"财务部"—"填制成本计算表"—"选择日期"—"新增固定资产明细表"（见图 3 - 216），进行填制（见图 3 - 217）。

制造费用分配	制造费用分配	2017-10-31	内容输入 | 删除
产成品入库	完工产品与月末在产品成本分配表	2017-10-31	内容输入 | 删除
产成品入库	完工产品与月末在产品成本分配表	2017-10-31	内容输入 | 删除
计提分配工资	工资薪酬费用分配表	2017-10-31	内容输入 | 删除
制造费用分配	制造费用分配	2017-11-30	内容输入 | 删除
产成品入库	完工产品与月末在产品成本分配表	2017-11-30	内容输入 | 删除
产成品入库	完工产品与月末在产品成本分配表	2017-11-30	内容输入 | 删除
固定资产折旧	固定资产明细表	2017-11-30	内容输入 | 删除
计提分配工资	工资薪酬费用分配表	2017-11-30	内容输入 | 删除

共1页/共1页　共9行/每页9行 [首页][前一页][后一页][尾页] 第1页▼

图 3 - 216　"固定资产明细表进入"界面

固定资产明细表

序号	固定资产类别	固定资产名称	数量	固定资产原值	折旧年限（月）	残值率	固定资产月折旧额	累计折旧额	固定资产净值
1	电子产品	笔记本电脑	15	66900.00	36	0.00	1858.33	1858.33	65041.67
2		打印机	1	2525.00	36	0.00	70.14	70.14	2454.86
3		复印机	1	5364.00	36	0.00	149.00	149.00	5215.00
4		小计		74789.00			2077.47	2077.47	72711.53

图 3 - 217　固定资产明细表

✲ 说明：

本平台中企业拥有的生产线、不动产和其他资产应当计提折旧,采用直线法按月计提折旧额,折旧年限及净残值率根据企业具体情况设置,超过税法规定的标准,年终应当进行纳税调整。若企业采用购买方式取得企业生产用厂房、生产线,则应在购买后第2个月开始,每个经营月末对所拥有的厂房、生产线按规定计提折旧(当月增加的当月不提折旧,从下个月开始计提)。采用租赁方式取得的厂房、生产线不用计提折旧。

运营根据折旧计算结果做相应账务处理(见图3-218)。

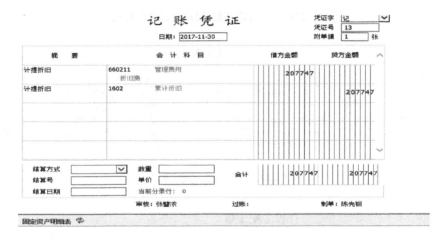

图3-218 "计提折旧"业务

3)归集分配工资

会计点击"财务部"—"填制成本计算表"—"选择日期"—"新增工资分配表"进行填制(见图3-219、图3-220、图3-221、图3-222、图3-223)。

制造费用分配	制造费用分配	2017-10-31	内容输入 | 删除
产成品入库	完工产品与月末在产品成本分配表	2017-10-31	内容输入 | 删除
产成品入库	完工产品与月末在产品成本分配表	2017-10-31	内容输入 | 删除
计提分配工资	工资薪酬费用分配表	2017-10-31	内容输入 | 删除

图3-219 "工资薪酬分配表进入"界面

工时汇总表

2017年 10月 31日

产品品种	机械工时(天)	人工工时(天)
消毒柜	4.00	720.00
冰箱	5.00	950.00
合计	9.00	1670.00

图3-220 "工时汇总表"界面

工资薪酬费用分配表

2017年 10月 31日 　　　　　　　　　　　　　　　　　单位：元

应借科目		成本或费用项目	直接计入	分配计入		工资费用合计
				分配标准	分配金额（分配率）	
生产成本	消毒柜	直接人工	0.00	720.00	947.38	682111.62
生产成本	冰箱	直接人工	0.00	950.00	947.38	900008.38
生产成本	电热水器	直接人工	0.00	0.00	947.38	0.00
生产成本	小计		0.00	1670.00	0.00	1582120.00
管理费用	-	工资	26480.00	0.00	0.00	26480.00
销售费用	-	工资	47276.46	0.00	0.00	47276.46
制造费用	-	工资	52960.00	0.00	0.00	52960.00
研发支出	-	工资	6316.00	0.00	0.00	6316.00
其他业务成本	-	工资	0.00	0.00	0.00	0.00
其他业务成本	-	工资	0.00	0.00	0.00	0.00
合计	-		133032.46			1715152.46

保存

图3－221　"工资薪酬费用分配表填写"界面

工资汇总表

单位:灰太狼

部门名称	人员类别	人数	基本工资	绩效工资	应发工资	社保个人部分	个税	实发工资
研发部	研发人员	1	5000.00	0.00	5000.00	201.00	38.97	4760.03
销售部	销售人员	10	20000.00	14427.90	34427.90	2010.00	0.00	32417.90
综合管理部	管理人员	5	20000.00	0.00	20000.00	1005.00	44.85	18950.15
生产部	生产线管理人员	10	20000.00	0.00	20000.00	1005.00	89.70	37900.30
生产部	生产人员	370	1110000.00	0.00	1110000.00	74370.00	0.00	1035630.00
合计		396	1195000.00	14427.90	1209427.90	79596.00	173.52	1129658.38

图3－222　"工资汇总表"界面

计提分配工资

日期:20171031

员类别	人数	工资	工会经费	福利费	职工教育经费	社保单位部分	总和
研发人员	1	5000.00	100.00	500.00	60.00	656.00	6316.00
销售人员	10	34427.90	688.56	5000.00	600.00	6560.00	47276.46
管理人员	5	20000.00	400.00	2500.00	300.00	3280.00	26480.00
生产线管理人员	10	40000.00	800.00	5000.00	600.00	6560.00	52960.00
生产人员	370	1110000.00	22200.00	185000.00	22200.00	242720.00	1582120.00
	396	1209427.90	24188.56	198000.00	23760.00	259776.00	1715152.46

图3－223　"分配工资表"界面

❈ 说明：

1. 按照品种法计提分配当月的工资费用,填写工资费用分配表。

2. 按照系统给定的人工工时表单,根据工时标准将直接人工成本在各个产品之间进行分配。

3. 按照收益对象,将可以直接计入其他费用的工资薪酬,直接计入其费用科目。

4. 将填好的表单保存,并与系统给定的工资费用计提表相比对核实。

财务总监进行账务处理(见图 3-224)。

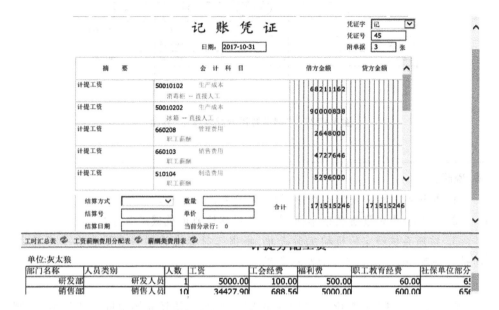

图 3-224 "计提工资"业务

4)归集与分配制造费用

会计点击"财务部"—"填制成本计算表"—"选择日期"—"新增制造费用分配表"进行填制(见图 3-225、图 3-226、图 3-227)。

经济活动	单据名称	日期	操作
制造费用分配	制造费用分配	2017-10-31	内容输入 | 删除
产成品入库	完工产品与月末在产品成本分配表	2017-10-31	内容输入 | 删除
产成品入库	完工产品与月末在产品成本分配表	2017-10-31	内容输入 | 删除
计提分配工资	工资薪酬费用分配表	2017-10-31	内容输入 | 删除

图 3-225 "制造费用分配表进入"界面

工时汇总表

2017年 10月 31日

产品品种	机械工时(天)	人工工时(天)
消毒柜	4.00	720.00
冰箱	5.00	950.00
合计	9.00	1670.00

图 3-226 "工时汇总表"界面

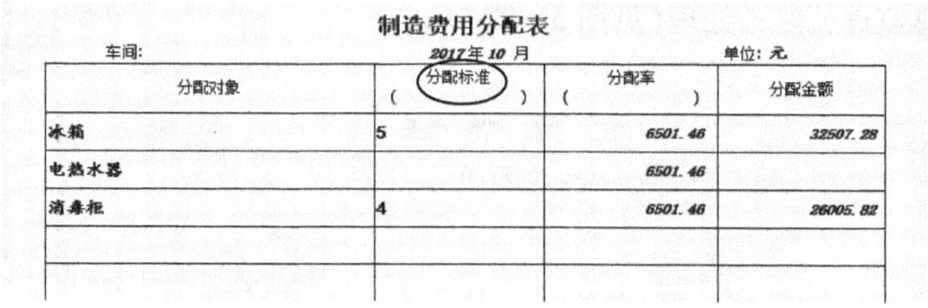

制造费用分配表

车间: 2017年10月 单位:元

分配对象	分配标准 ( )	分配率 ( )	分配金额
冰箱	5	6501.46	32507.28
电热水器		6501.46	
消毒柜	4	6501.46	26005.82

图 3-227 "制造费用分配表填写"界面

✻ 说明:

1. 按照品种法分配制造费用,填写制造费用分配表。
2. 本平台中未设置辅助车间,制造费用建议使用机械工时分配。
3. 按照系统给定的机械工时表单,根据工时标准将制造费用在各个产品之间进行分配,计入各个产品的制造费用。

财务总监点击"电算化"—"凭证录入"—"录入,稽核原始单据凭证",填写"制造费用分配"记账凭证(见图 3-228)。

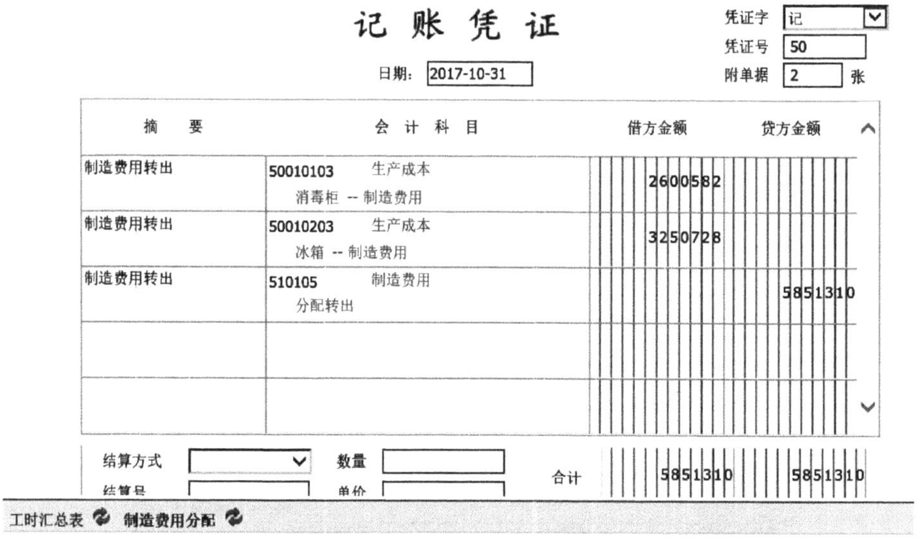

记 账 凭 证

凭证字 记
凭证号 50
日期: 2017-10-31 附单据 2 张

摘 要	会 计 科 目	借方金额	贷方金额
制造费用转出	50010103 生产成本 消毒柜 -- 制造费用	2600582	
制造费用转出	50010203 生产成本 冰箱 -- 制造费用	3250728	
制造费用转出	510105 制造费用 分配转出		5851310

结算方式 数量 合计 5851310 5851310
结算号 单价

工时汇总表 制造费用分配

图 3-228 "分配制造费用"业务

5)结转完工产品成本

会计点击"财务部"—"填制成本计算表"—"选择日期"—"新增完工产品及在产品成本分配表"进行填制(见图 3-229、图 3-230)。

经济活动	单据名称	日期	操作
制造费用分配	制造费用分配	2017-10-31	内容输入 | 删除
产成品入库	完工产品与月末在产品成本分配表	2017-10-31	内容输入 | 删除
产成品入库	完工产品与月末在产品成本分配表	2017-10-31	内容输入 | 删除
计提分配工资	工资薪酬费用分配表	2017-10-31	内容输入 | 删除

图 3 – 229 "完工产品及在产品成本分配表进入"界面

完工产品与月末在产品成本分配表
2017年10月31日

产品： 消毒柜

成本项目	月初在产品成本	本月生产费用	合 计	完工产品产量	月末在产品产量	月末在产品约当产量	单位成本	月末在产品成本	完工产品成本
直接材料		289951.42	289951.42	608.00			476.89		289951.42
直接人工		682111.62	682111.62	608.00			1121.89		682111.62
制造费用		212885.31	212885.31	608.00			350.14		212885.31
合计		1184948.35	1184948.35	--	--	--	1948.92		1184948.35

保存

入库单（新增） 入库单（新增） 入库单（新增） 入库单（新增）

完工产品与月末在产品成本分配表
2017年10月31日

产品： 冰糖

成本项目	月初在产品成本	本月生产费用	合 计	完工产品产量	月末在产品产量	月末在产品约当产量	单位成本	月末在产品成本	完工产品成本
直接材料		910148.63	910148.63	559.00			1628.17		910148.63
直接人工		900008.38	900008.38	559.00			1610.03		900008.38
制造费用		270668.82	270668.82	559.00			484.20		270668.82
合计		2080825.83	2080825.83	--	--	--	3722.40		2080825.83

保存

入库单（新增） 入库单（新增） 入库单（新增） 入库单（新增）

图 3 – 230 "完工产品与月末在产品成本分配表填写"界面

❋ **说明：**

1. 按照约当产量法把生产成本在完工产品和在产品之间分配。

2. 如果企业在月末有在产品，则需要用到成本分配表，将产品的料、工、费在完工产品与月末在产品之间分配。

3. 在本方案中材料是一次性投入生产的，完工产品和在产品所耗费的原材料是相等的，所以原材料费用按照完工产品数量和在产品数量分配，而制造费用和工资薪酬按照完工产品和在产品约当产量分配。

137

财务总监点击"电算化"—"凭证录入"—"录入,稽核原始单据凭证",填写"产成品入库"记账凭证(见图3-231)。

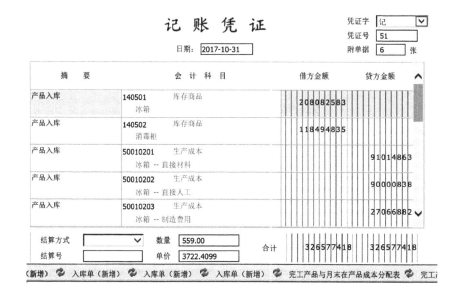

图3-231"产品入库"业务

6)结转销售产品成本

财务总监点击"电算化"—"凭证录入"—"录入,稽核原始单据凭证",填写"产成品出库"记账凭证(见图3-232)。

记 账 凭 证

凭证字 记
凭证号 52
日期:2017-10-31   附单据 2 张

摘 要		会 计 科 目	借方金额	贷方金额
产品出库	640101	主营业务成本 冰箱	186120380	
产品出库	640102	主营业务成本 消毒柜	97446505	
产品出库	140501	库存商品 冰箱		186120380
产品出库	140502	库存商品 消毒柜		97446505

结算方式 [ ] 数量 500.00 合计 283566885 283566885
结算号 [ ] 单价 3722.4099

出库单

图3-232 "产品出库"业务

7)计提税费

财务总监点击"电算化"—"凭证录入"—"直接录入,无原始凭证",填写计提税费的记账凭证(见图3-233、图3-234、图3-235)。下面以增值税、城建税和教育费附加为例进行介绍。

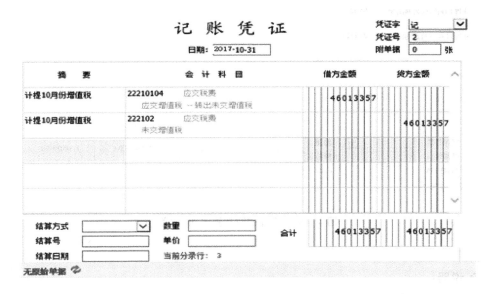

图3-233 "计算增值税"业务

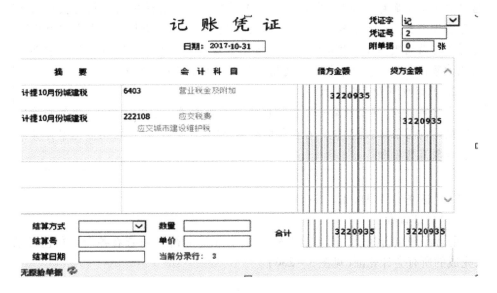

图3-234 "计提城建税"业务

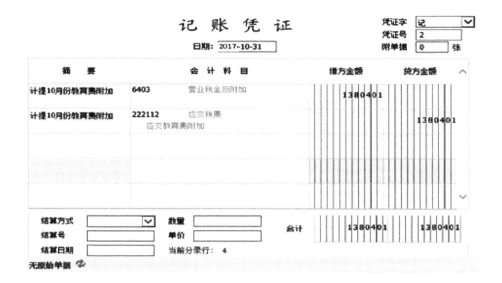

图3-235 "计提教育费附加"业务

✻ **说明:**

1. 增值税

当月的销项税额,会计可查询"应交税费—应交增值税—销项税额"明细账,当月的进项税额可查询"应交税费—应交增值税—进项税额",月初留抵进项税额可查询上月纳税申报表,当月应纳增值税额可查询"应交税费—未交增值税",这样才可做到账务处理和纳税申报数据的一致性。实务中还可与防伪税控开票系统的数据和认证相符申报抵扣的增值税专用发票数据相核对。

2. 城建税与教育费附加

会计可查询"应交税费—未交增值税""应交税费—应交消费税"明细账确定实际缴纳的增值税、消费税和营业税的金额,作为计税依据,按照相应比率计算城建税与教育费附加。

---

8)凭证查询、审核、整理、过账

(1)凭证查询

财务经理点击"凭证查询",进入"会计分录序时簿",可查看各会计角色已录入完成的所有会计凭证(见图3-236)。

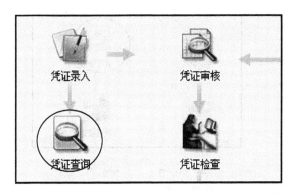

【会计分录序时簿】

日期	凭证字号	附件数	摘要	科目代码	科目名称	借方金额	贷方金额	数量	单价	操作	审核	过账
2017-10-01	记 -1	3	贷款	10020101	银行存款 --基本存款银行 --建行北京朝阳支行		4999900.00			查看	√	√

查询条件： 会计科目　□所有科目　日期时间 2017-10-01 至 2017-12-31　凭证号 至　查询

图3-236 "凭证查询"界面

❋ 说明：

1. 除财务经理外各会计角色也可通过"凭证查询"查看各自已录入完成的会计凭证。若凭证在审核之前,发现差错,可点击"修改"按钮进入凭证修改状态,若财务经理已对凭证进行了审核,发现差错还需进行修改时,应先进行反审核,然后由凭证原填制人进行修改,财务经理无法对他人填制的出错凭证进行修改。

2. 已填制完成生成的记账凭证,如修改时涉及原始单据的关联问题,则应先取消已用原始单据的关联性,再进行修改或重新填制。操作步骤:先点击进入"凭证查询"页面,找到需修改的凭证,点击"关联单据"进入取消关联记账凭证页面,勾选与修改后的凭证无关的原始单据,然后再点击"取消关联记账凭证"按钮(修改后的凭证只保留与之相关的原始单据)。不能直接删除凭证,否则凭证会不连续,不能过账。

(2)凭证审核

凭证过账前,财务经理在凭证查询的基础上,可以查看并审核凭证(见图3-237)。

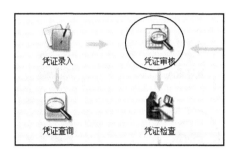

2017-10-01	记 -3	2	购买固定资产	160101	固定资产 -- 笔记本电脑	4460.00		查看	√	√	☐
			购买固定资产	22210101	应交税费 -- 应交增值税 -- 进项税额	758.20			√	√	☐
			购买固定资产	10020101	银行存款 -- 基本存款银行 -- 建行北京朝阳支行		5218.20		√	√	☐
2017-10-01	记 -4	2	购买固定资产	160103	固定资产 -- 打印机	2525.00		查看	√	√	☐
			购买固定资产	22210101	应交税费 -- 应交增值税 -- 进项税额	429.25			√	√	☐
			购买固定资产	10020101	银行存款 -- 基本存款银行 -- 建行北京朝阳支行		2954.25		√	√	☐
2017-10-01	记 -5	2	购买固定资产	160102	固定资产 -- 复印机	5364.00		查看	√	√	☐
			购买固定资产	22210101	应交税费 -- 应交增值税 -- 进项税额	911.88			√	√	☐
			购买固定资产	10020101	银行存款 -- 基本存款银行 -- 建行北京朝阳支行		6275.88		√	√	☐

| | | | | | | | | | 审核 | 反审核 |

图 3 – 237　"凭证审核"界面

✿ 说明:

　　对于审核有误需进行修改的凭证,仍应由凭证的原填制人进行修改更正。财务经理点击"凭证审核"进入会计分录序时簿,点击屏幕右侧"查看"按钮,即可对某字号凭证进行查看。在屏幕右侧勾选要进行审核的凭证,然后点击屏幕右下角"审核"按钮,进入凭证审核界面。经过审核的凭证在"审核"栏会显示"√",未审核的凭证则"审核"栏显示"×"。已审过的凭证如之后又发现差错需进行修改的,应进行反审核操作。点击屏幕右下角"反审核"键,取消审核。

---

　　(3)凭证整理

　　财务经理点击"凭证检查",进入凭证整理页面(见图 3 – 238)。如果过账时提示由于资产类科目为负数不能过账时,可进入该模块进行凭证检查与调整。

39	2017-10-31	记 -39	1	提现	50000.00	50000.00	查看	调整为末号凭证
40	2017-10-31	记 -40	0	分摊办公用房租金	8258.56	8258.56	查看	调整为末号凭证
41	2017-10-31	记 -41	1	支付业务招待费	14427.90	14427.90	查看	调整为末号凭证
42	2017-10-31	记 -42	0	分摊各生产线租金	358974.37	358974.37	查看	调整为末号凭证
43	2017-10-31	记 -43	2	支付办公用水费	1817.45	1817.45	查看	调整为末号凭证
44	2017-10-31	记 -44	2	支付办公用电费	1405.27	1405.27	查看	调整为末号凭证
45	2017-10-31	记 -45	3	计提工资	1715152.46	1715152.46	查看	调整为末号凭证
46	2017-10-31	记 -46	1	销售材料	74734.92	74734.92	查看	调整为末号凭证
47	2017-10-31	记 -47	1	计提个税	173.52	173.52	查看	调整为末号凭证
48	2017-10-31	记 -48	1	结转销售材料成本	86968.88	86968.88	查看	调整为末号凭证
49	2017-10-31	记 -49	1	支付凭证工本费	56.00	56.00	查看	调整为末号凭证
50	2017-10-31	记 -50	2	制造费用转出	58513.10	58513.10	查看	调整为末号凭证
51	2017-10-31	记 -51	6	产品入库	3265774.18	3265774.18	查看	调整为末号凭证
52	2017-10-31	记 -52	2	产品出库	2835668.85	2835668.85	查看	调整为末号凭证

整理凭证号

图 3 – 238 "凭证检查"界面

❋ 说明:

此功能需结合明细账预览一起使用,在明细账预览中,对因凭证顺序录入失误导致资产类会计科目出现某日余额负数,则可通过凭证整理才解决问题,将某一记账凭证调整至末号凭证,等同于对凭证进行重新排序,不过凭证日期只能保存为当期最末的凭证日期。

(4)凭证过账

财务经理点击"凭证过账",进入凭证过账页面(见图 3 – 239)。

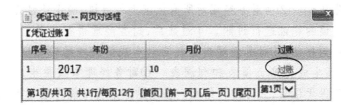

图 3 – 239 "凭证过账"界面

❋ 说明:

列表中,根据目前学生运营到的年份月份,列出可以过账的年月,点击"过账"即可对当年月进行凭证过账,若出现当期存在未审核凭证或凭证号重复不连续及资产类科目余额为负数时等情况,将予以警告提示,并取消当前过账操作。请修改凭证,或者进入凭证检查模块对凭证重新整理后方可正常过账,当期可继续录入凭证并重复过账。按系统提示逐步进行操作。

9)结转损益

财务经理点击"结转损益",进入结转损益页面(见图3-240)。结账损益前应保证所有业务全部处理完成,即结转损益的凭证一定是本期最后一张凭证。

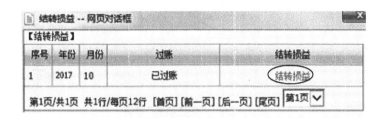

图3-240 "结转损益"界面

❋ 说明:

1. 列表中,根据目前运营到的年份月份,列出可以结转损益的年月,点击"结转损益"即可对当年月进行结转损益,系统将根据已过账的凭证中的损益类科目进行余额结转,生成一张结转损益的记账凭证,之后需财务经理审核,并重新过账。

2. 本财务决策平台损益的结转操作步骤如下:①将企业本期发生的所有经济业务全部处理完毕,并填制会计凭证,保证没有遗漏,即确保损益结转的凭证为本期最后一张凭证。②由财务经理对所有凭证进行审核,确保凭证无误。③财务经理对审核无误的凭证进行过账。④过账后,财务经理进行损益结转,系统自动生成结转损益的凭证;⑤财务经理对系统自动生成的损益结转凭证再进行审核、过账的操作;预生成资产负债表和利润表。⑥财务经理审核预生成的资产负债表、利润表,确保无误后,方可进行结账。当期结账后将不能再进行录入凭证等账务处理操作,系统自动跳转到下个会计月度。

10)期末结账

财务经理点击"期末结账",进入期末结账界面(见图3-241、图3-242)。

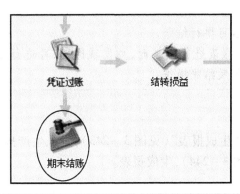

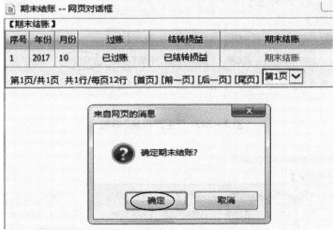

图3-241 "期末结账"界面

图3-242 "期末结账提示确认信息"界面

❋ 说明：

1. 列表中，根据目前学生运营到的年份月份，列出可以期末结账的年月，点击"期末结账"即可对当年月进行期末结账，结账之后该年月不可再进行凭证过账、结转损益等账务处理。

2. 系统提供未结账前预生成报表功能，并可以进行报表预览，进行报表核对,确认报表无误后可再行结账。

3. 对预生成的报表进行审核时,如发现问题,可进行相应的修改;期末结账后,财务经理可进行反结账操作。

11)账簿报表

财务经理点击"生成报表"(见图 3 – 243),进入生产报表界面,系统确认生成报表确认信息(见图 3 – 244),生成报表。

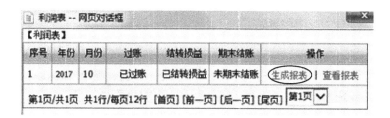

图 3 – 243 "生产报表"界面

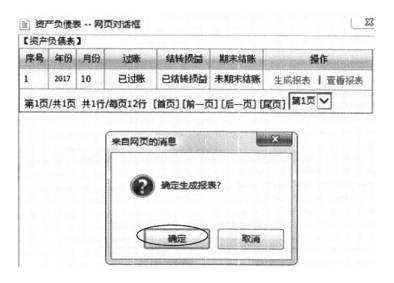

图 3 – 244 "生产报表确认信息"界面

各会计角色可根据需要查询通过账务处理生成的账簿报表。"预览"功能提供即时查询,只要凭证填制完成,就可以进行预览。"试算平衡表""科目余额表"也可进行即时查询,目的是对各会计角色所做的账务处理进行检查;"总账""明细账""数量金额明细账"等账簿,需等期末结账后方可查看,目的是对账簿进行检查。期末过账、损益结转后,结账前可预生成账务报表:资产负债表、利润表,并可点击"资产负债表""利润表"进行查看(见图 3 – 245)。

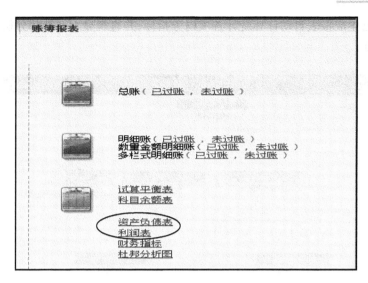

图3-245 "账簿报表查询"界面

根据已生成报表自动计算统计各项财务指标(见图3-246)。

2017-10-31 财务指标	
一.短期偿债能力指标	
1.流动比率	1.2731
2.速动比率	0.6918
二.长期偿债能力指标	
1.资产负债率	0.7810
2.权益乘数	4.5656
三.营运能力指标	
1.应收账款周转天数	0.0000
2.存货周转天数	517.8037
3.资产周转天数	2732.9551
四.盈利能力比率	
1.销售净利率	-1.4900
2.资产净利率	-0.1652
3.权益净利率	-0.7542

图3-246 "财务指标"界面

根据已生成报表自动计算统计各项财务指标,并直观显示在杜邦分析图中(见图3-247)。

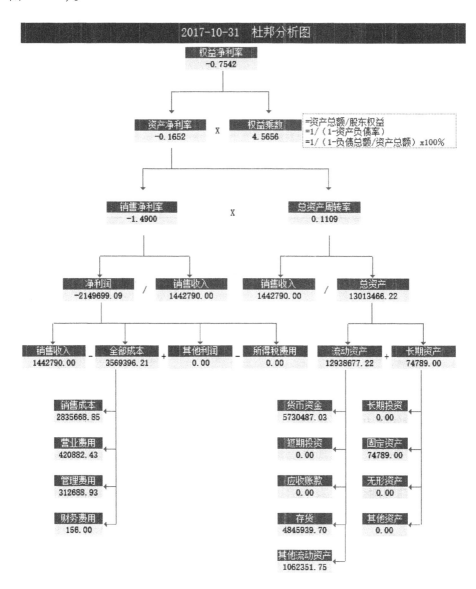

图3-247 "杜邦分析图"界面

3.3.3 纳税申报业务

1)纳税申报流程

本平台纳税申报主要涉及财务总监和会计角色,其中会计要履行填写和申报各税种税单的职责,并在申报成功后进行相应的账务处理。财务总监负责审批相关申报表格并查看相应申报回单。具体如下表所示(见表3-3):

表3-3　纳税申报流程

角色	财务总监	会计
具体执行	4. 审批国税申报表 5. 交纳国税 6. 查看国税回单 9. 审批地税申报表 10. 交纳地税 11. 查看地税回单	开始 1. 选择国税申报或地税申报 2. 选择申报表 3. 填写或修改国税申报表,提交审批申请 7. 查看国税回单并账务处理 8. 填写或修改地税申报表,提交审批申请 12. 查看地税回单并账务处理 结束

2)国税申报(增值税)

(1)月申报

会计点击"纳税申报"—"网上申报国税",进入相应的申报界面(见图3-248)。

图3-248　纳税申报登录界面

会计点击"增值税纳税申报表"—"月申报"(见图3-249),进入"国税月申报主表"界面(见图3-250),依次填写"固定资产进项税额抵扣情况表"(见图3-251)、"增值税纳税申报表附列资料——本期销售情况明细"(见图3-252)、"增值税纳税申报表附列资料——本期进项税额明细"(见图3-253)、"增值税纳税申报表附列资料——服务、不动产和无形资产扣除项目明细"(见图3-254)、"增值税纳税申报表"(见图3-250)。

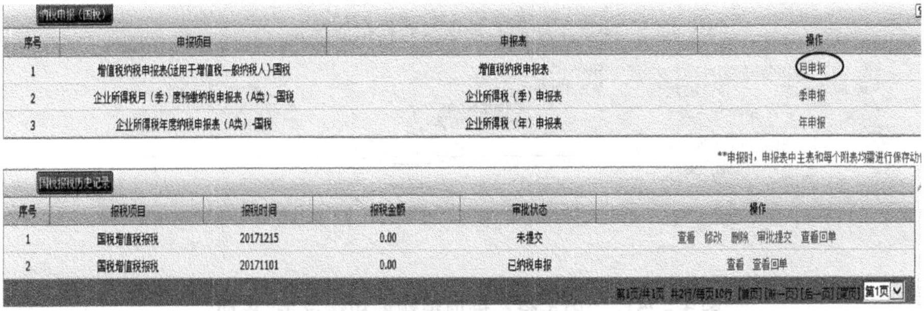

图3-249　"选取申报的税种和申报期限操作"界面(国税)

申报国税 🔄 取得增值税发票清单 🔄 开具增值税发票清单 🔄

【增值税纳税申报表(适用于增值税一般纳税人)-国税】

增值税纳税申报表(适用于增值税一般纳税人)

纳税人识别号：911010576764198740　　　　纳税人名称：灰太狼
所属时期：20171001　至　20171031　　填表日期：20171101　　　　　　　金额单位：元至角分

项　目	栏次	一般项目		即征即退项目	
		本月数	本年累计	本月数	本年累计
（一）按适用税率计税销售额	1				
其中：应税货物销售额	2	1442790			
应税劳务销售额	3				
纳税检查调整的销售额	4				
（二）按简易办法计税销售额	5				
其中：纳税检查调整的销售额	6				
（三）免、抵、退办法出口销售额	7			-----	-----
（四）免税销售额	8			-----	-----
其中：免税货物销售额	9			-----	-----
免税劳务销售额	10			-----	-----
销项税额	11	245274.3			
进项税额	12	1318484.97			
上期留抵税额	13				
进项税额转出	14				
免、抵、退应退税额	15			-----	
按适用税率计算的纳税检查应补缴税额	16			-----	
应抵扣税额合计	17=12+13-14-15+16	1318484.97	-----	0.00	
实际抵扣税额	18（如17<11，则为17，否则为11）	245274.30		0.00	0.00
应纳税额	19=11-18			0.00	0.00
期末留抵税额	20=17-18	1073210.67			
简易计税办法计算的应纳税额	21				
按简易计税办法计算的纳税检查应补缴税额	22				
应纳税额减征额	23				
应纳税额合计	24=19+21-23	0.00			
期初未缴税额（多缴为负数）	25				
实收出口开具专用缴款书退税额	26				
本期已缴税额	27=28+29+30+31	0.00		0.00	0.00
①分次预缴税额	28		-----		
②出口开具专用缴款书预缴税额	29		-----		
③本期缴纳上期应纳税额	30				

图3－250　"国税月申报主表"界面

值税纳税申报表附列资料(附列表... 🔄 增值税纳税申报表附列资料(附列表... 🔄 增值税纳税申报表附列资料(附列表... 🔄 固定资产(不含不动产)进项税额抵扣...

固定资产（不含不动产）进项税额抵扣情况表

纳税人识别号：911010576764198740　　　　纳税人名称：灰太狼
所属时期：20171001　至　20171031　　填表日期：20171101　　　　　　　金额单位：元至角分

项　目	当期申报抵扣的固定资产进项税额	申报抵扣的固定资产进项税额累计
增值税专用发票	12714.13	
海关进口增值税专用缴款书		
合　计	12714.13	

图3－251　"固定资产进项税额抵扣情况表"界面

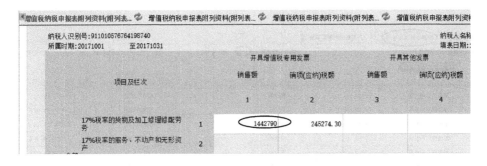

图 3-252 "增值税纳税申报表附列资料——本期销售情况明细"界面

图 3-253 "增值税纳税申报表附列资料——本期进项税额明细"界面

图 3-254 "增值税纳税申报表附列资料——服务、不动产和无形资产扣除项目明细"界面

　　填写纳税申报表时,可查看系统提供的"增值税销项""增值税进项""运输发票"清单。三张清单反映的企业开具、获取的增值税专用发票或获取的运输发票情况。"增值税进项"清单中所列举的发票不一定都可以进行进项抵扣,填报时,需根据税法和具体业务情况进行判断。"增值税销项""增值税进项""运输发票"查询界面(见图 3-255、图 3-256、图 3-257)。

图 3-255 "增值税销项查询"界面

序号	发票名称	开票日期	客户	金额	税额	
1	增值税专用发票	2017-10-02	灰太狼	￥820512.82	￥139487.18	查看
2	增值税专用发票	2017-10-02	灰太狼	￥615384.62	￥104615.38	查看
3	增值税专用发票	2017-10-02	灰太狼	￥1508153.20	￥256386.04	查看
4	增值税专用发票	2017-10-03	灰太狼	￥4460.00	￥758.20	查看
5	增值税专用发票	2017-10-03	灰太狼	￥2525.00	￥429.25	查看
6	增值税专用发票	2017-10-03	灰太狼	￥5364.00	￥911.88	查看
7	增值税专用发票	2017-10-03	灰太狼	￥62440.00	￥10614.80	查看
8	增值税专用发票	2017-10-04	灰太狼	￥95860.20	￥16296.23	查看
9	增值税专用发票	2017-10-04	灰太狼	￥125823.90	￥21390.06	查看
10	增值税专用发票	2017-10-06	灰太狼	￥721276.10	￥122616.94	查看
11	增值税专用发票	2017-10-15	灰太狼	￥1758914.50	￥299015.47	查看
12	增值税专用发票	2017-10-15	灰太狼	￥1711240.50	￥290910.89	查看
13	增值税专用发票	2017-10-30	灰太狼	￥2000.00	￥340.00	查看
14	增值税专用发票	2017-10-30	灰太狼	￥2000.00	￥340.00	查看
15	增值税专用发票	2017-10-30	灰太狼	￥1201.09	￥204.18	查看

图 3 - 256 "增值税进项查询"界面

序号	发票名称	开票日期	客户	金额	税额	
1	货物运输业增值税专用发票_V1	2017-10-02		￥3000.00	￥90.00	查看
2	货物运输业增值税专用发票_V1	2017-10-04		￥3000.00	￥90.00	查看
3	货物运输业增值税专用发票_V1	2017-10-04		￥3500.00	￥105.00	查看
4	货物运输业增值税专用发票_V1	2017-10-06		￥1200.00	￥36.00	查看
5	货物运输业增值税专用发票_V1	2017-10-15		￥4300.00	￥129.00	查看
6	货物运输业增值税专用发票_V1	2017-10-15		￥4300.00	￥129.00	查看
合计				￥19300.00	￥579.00	

图 3 - 257 "运输发票查询"界面

　　每份纳税申报表填写完,点击左下角"确定"以保存数据,形成"国税报税历史记录",可以在操作栏进行"查看""修改"。确认无误后可点击"审批提交",等待财务总监审批。审批提交后可"查看回单"(见图 3 - 258)。

图 3 - 258 "增值税申报审批提交"界面

会计操作完毕后,财务总监界面的"消息提醒"提示会计提交了"纳税申报"申请,等待审批(见图 3 - 259)。

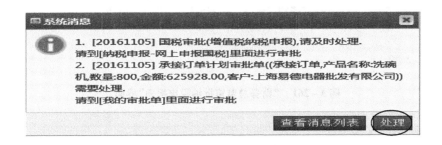

图 3 - 259 "财务总监待消息提醒"界面

财务总监点击"纳税申报"—"网上申报国税"—"查看"进入审批界面(见图 3 - 260)。

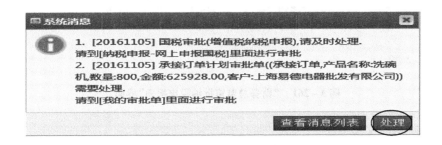

图 3 - 260 "财务总监查看国税申报"界面

财务总监判断是否进行正式对外进行纳税申报,选择"审批通过"或"审批不通过"(见图 3 - 261)。

财务总监如选择"审批通过",点击"纳税提交",银行自动进行扣款,因此需预先查看银行账户中是否有足够的资金(见图 3 - 262)。

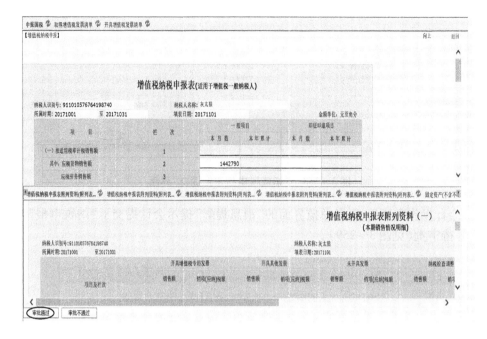

图 3 - 261 "财务总监审批纳税申报表"界面

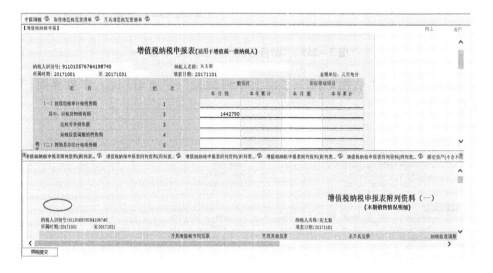

图 3 - 262 "纳税提交"界面

纳税提交后,可返回"国税报税历史记录"栏点击"查看回单",查看"电子缴税回单"(见图 3 - 263)。

会计在"国税报税历史记录"栏点击"查看回单",查看"电子缴税回单"并进入电算化模块进行账务处理(见图 3 - 264)。

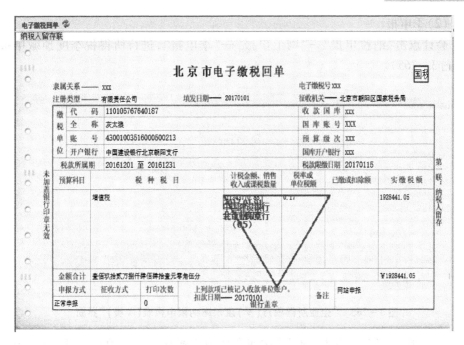

图 3 – 263 "查看电子缴纳回单"界面

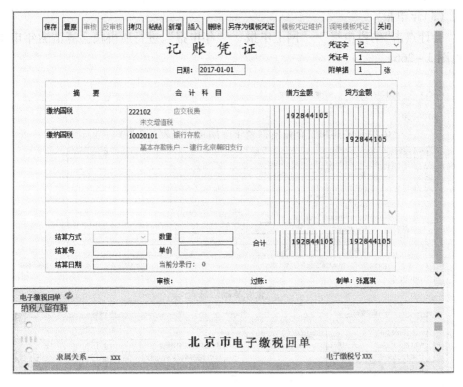

图 3 – 264 "缴纳国税"业务

155

（2）季申报

会计点击"纳税申报"—"网上申报"—"季申报"，进行所得税季度预缴申报（见图3－265）。

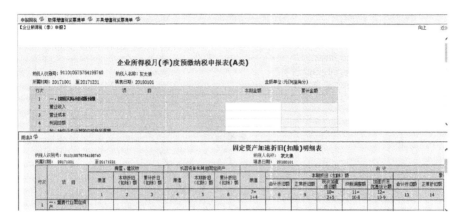

图3－265 "企业所得税月(季)度预缴纳税申报表(A类)"界面

录入相应数值后,点击"确定"按钮完成申报操作。注意填写累计数值,否则系统将不能识别申报金额。

（3）年申报

会计点击"纳税申报"—"网上申报"—"年申报",进行所得税会算清缴年申报（见图3－266）。

图3－266 "企业所得税年度申报表(A类)"界面

在企业所得税年度纳税申报表中，上面为主表界面，下面为 13 个附表界面。先填写附表，后填写主表，系统只设置了表内的一些勾稽关系，未设置表间的勾稽关系，填写时注意表间数字的勾稽关系是否正确。

✲ 说明：

需特别关注的是购买固定资产时，如果符合进项税抵扣的情况，可计入进项税额。如果采购货物时还不知具体用途，取得增值税专用发票的情况下可以计入进项税额先申报抵扣，待使用时判断是否进行进项税额转出。

3）地税申报

（1）月申报

会计点击“地税申报表”—“月申报”（见图 3－267），填写地税申报表，根据表格列示的税种，依次填写。

【地税月申报】

地税申报表

税种	税目	计税金额（数量）	税率（%）	单位税额	应纳税额
城建税			7.0000	-	0.00
个人所得税	正常工资薪金	173.52	-	-	173.52
教育费附加			3.0000	-	0.00
印花税	财产租赁合同	6030012.00	0.1000	-	6030.01
	权利许可证照	1.00	-	5.00	5.00
	其他营业账簿	4.00	-	5.00	20.00
	产权转移书据		0.0500	-	0.00
	资金账簿	5000000.00	0.0500	-	2500.00
	货物运输合同	19300.00	0.0500	-	9.65
	借款合同	5000000.00	0.0050	-	250.00
	购销合同	7364058.40	0.0300	-	2209.22
合计	-	-	-	-	11197.40

图 3－267 “地税申报填写”界面

填写完点击“录入提交”，形成“地税报税历史记录”。可以在操作栏进行“查看”“修改”。确认无误后可点击“审批提交”，等待财务总监审批。审批提交后可“查看回单”（见图 3－268）。

纳税申报（地税）

序号	申报项目	申报表	操作
1	地税月申报	地税月申报表	月申报
2	地税季申报	地税季申报表	季申报
3	地税年申报	地税年申报表	年申报

地税报税历史记录

序号	报税项目	报税时间	报税金额	审批状态	操作
1	地税月申报	20171101	0.00	未提交	查看 修改 删除 审批提交 查看回单

图 3－268 “地税录入提交”界面

会计操作完毕后,财务总监界面的"待办事项"栏提示会计提交了"纳税申报"申请,等待审批。点击"纳税申报"—"网上申报地税"进入审批界面,判断是否进行正式对外进行纳税申报,选择"审批通过"或"审批不通过"(见图3-269)。

【地税月申报】

地税申报表

税种	税目	计税金额（数量）	税率（%）	单位税额	应纳税额
城建税			7.0000	-	0.00
个人所得税	正常工资薪金	173.52	-	-	173.52
教育费附加			3.0000	-	0.00
印花税	财产租赁合同	6030012.00	0.1000	-	6030.01
	权利许可证照	1.00	-	5.00	5.00
	其他营业账簿	4.00	-	5.00	20.00
	产权转移书据		0.0500	-	0.00
	资金账簿	5000000.00	0.0500	-	2500.00
	货物运输合同	19300.00	0.0500	-	9.65
	借款合同	5000000.00	0.0050	-	250.00
	购销合同	7364058.40	0.0300	-	2209.22
合计		-	-	-	11197.40

本企业个人所得税申报方式为汇总申报,财务人员根据企业实际缴纳税款作为缴税基数填写。

审批通过　审批不通过

图3-269　"地税申报审批"界面

如选择"审批通过",点击"纳税提交"(见图3-270),银行自动进行扣款,因此需预先查看银行账户中是否有足够的资金。

【地税月申报】

地税申报表

税种	税目	计税金额（数量）	税率（%）	单位税额	应纳税额
城建税			7.0000	-	0.00
个人所得税	正常工资薪金	173.52	-	-	173.52
教育费附加			3.0000	-	0.00
印花税	财产租赁合同	6030012.00	0.1000	-	6030.01
	权利许可证照	1.00	-	5.00	5.00
	其他营业账簿	4.00	-	5.00	20.00
	产权转移书据		0.0500	-	0.00
	资金账簿	5000000.00	0.0500	-	2500.00
	货物运输合同	19300.00	0.0500	-	9.65
	借款合同	5000000.00	0.0050	-	250.00
	购销合同	7364058.40	0.0300	-	2209.22
合计		-	-	-	11197.40

本企业个人所得税申报方式为汇总申报,财务人员根据企业实际缴纳税款作为缴税基数填写。

纳税提交

图3-270　"地税缴纳提交"界面

纳税提交后,财务总监可返回"地税报税历史记录"栏点击"查看回单",查看电子缴税回单(见图3-271)。

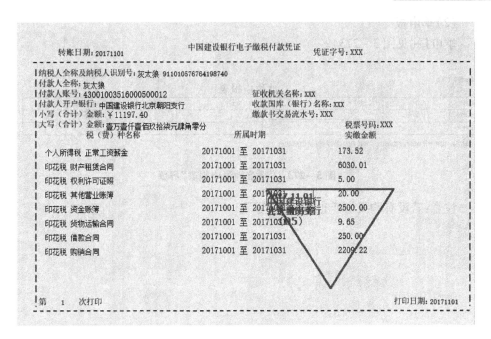

图 3 −271 "地税电子缴税回单"界面单

会计在"地税报税历史记录"栏点击"查看回单",查看"电子缴税回单"并进入电算化模块进行账务处理(见图 3 −272)。

图 3 −272 "缴纳地税会计凭证"界面

(2)季申报

季申报(见图3-273)。

【地税季申报】

地税申报表

税种	税目	计税金额(数量)	税率(%)	单位税额	应纳税额
房产税	从价		0.300		0.00
累计					0.00

本地区从价征收房产税的扣除率为30%,年税率为1.2%,要求企业按季缴纳。

图3-273 "季度地税申报表"界面

注意:若没有购买房产也需要填"零"。

4 税务稽查

4.1 税务稽查概述

4.1.1 税务稽查相关内容

1)税务稽查定义

税务稽查是依法对纳税人、扣缴义务人和其他涉税当事人履行纳税义务、扣缴义务情况及涉税事项进行检查处理,以及围绕检查处理开展的其他相关工作。本平台设计了税务稽查模块,是从国税和地税的角度出发,对企业的账务和报税数据进行稽查,对于发现的问题形成报告提交给企业,让其进行整改,并以国税、地税稽查员的身份对运营企业进行税收补缴、罚款、滞纳金等处理并出具稽查报告和调整分录。

2)税务稽查中各方的权利与义务

(1)税务稽查中税务机关的权利

税务稽查中税务机关的权利有:税务查账权、场地检查权、责成提供资料权、询问权、查证权、查核存款权、采取税收保全措施权(提前征收、责成提供纳税担保、阻止欠税者出境、暂停支付存款和扣押查封财产)、强制执行权(对于纳税人和扣缴义务人均可适用,但保全措施只适用于纳税人)、收集证据权、依法处罚权(罚款、没收非法所得和非法财物、停止出口退税)。

(2)税务稽查中被检查对象的权利

税务检查中被稽查对象的权利有:拒绝违法检查权、要求赔偿权、申请复议和诉讼权、要求听证权、索要收据和拒绝违法处罚权。

(3)税务稽查中税务机关的义务

税务稽查中税务机关的义务有四项,分别是出示证件、为纳税人保密、采取行政措施、开付单据。

(4)税务检查中被检查对象的义务

税务稽查中被检查对象的义务有三项,分别是接受税务机关依法检查(不作为的义务,只要不阻挠即为履行该义务)、如实反映情况、提供有关资料。

3)税务稽查的内容

在进行税务稽查时,具体稽查的内容分为以下七项:

第一项:稽查纳税人各种营业收入的核算与申报;

第二项:稽查纳税人各种成本费用的列支、转销及申报;

第三项:稽查纳税人其他各种纳税义务的核算及申报;

第四项:稽查纳税人收取或支付的价款、费用的定价情况;

第五项:稽查纳税人适用税率、减免税、出口退税的申报情况;

第六项:稽查应纳税款的计算、缴纳与申报情况;

第七项:稽查纳税人、扣缴义务人对税务管理规定的执行情况。

4)税务稽查的方法

财务指标分析法、账证核对法、比较法、实物盘点法、交谈询问法、外调法、突击检查法、控制计算法。

5)税务稽查的步骤

(1)选择被稽查的企业;

(2)调账检查;

(3)实地调查;

(4)编制《税务稽查底稿》和《税务稽查底稿(整理)分类表》,录入稽查调整分录;

(5)向企业通报问题,核实事实,听取意见;

(6)填制《税务稽查报告》或者《税务稽查结论》,计算企业补缴税额、滞纳金、罚款等;

(7)提交《税务稽查报告》给被审理单位,审查通过后如果拟对被稽查企业进行税务行政处罚,编制《税务行政处罚事项告知书》给被稽查企业,被稽查企业可进行陈述、申辩;

(8)审理部门区分下列情形分别做出处理,并将相关文书递交被稽查企业:①认为有税收违法行为,应当进行税务处理的,拟制《税务处理决定书》;②认为有税收违法行为,应当进行税务行政处罚的,拟制《税务行政处罚决定书》;③认为税收违法行为轻微,依法可以不予税务行政处罚的,拟制《不予税务行政处罚决定书》;④认为没有税收违法行为的,拟制《税务稽查结论》。

(9)处罚被稽查企业,强制执行补缴税款、滞纳金、罚款等;

(10)如被稽查企业同税务机关在纳税上发生争议时,必须先依照税务机关的纳税决定缴纳或者解缴税款及滞纳金或者提供相应的担保,然后可以依法申请行政复议;对行政复议决定不服的,可以依法向人民法院起诉。

4.1.2　税收稽查中对重点税种的稽查要点

1)增值税稽查要点

(1)虚构废品收购业务、虚增进项税额。

(2)隐瞒销售收入。以代销为由对发出商品不入账、延迟入账;现金收入不入账;主要产品账面数与实际库存不符。

(3)收取价外费用未计收入或将价外费用记入收入账户未计提销项税额;对

尚未收回货款或向关联企业销售货物,不记或延缓记入销售收入;企业发生销售折让、销售退回未取得购买方当地主管税务机关开具的进货退出或索取折让证明或未收回原发票联和抵扣联;企业以"代购"业务名义销售货物,少记销售收入;转供水、电、汽等及销售材料不记销售收入的情况;混合销售行为未缴纳增值税。

(4)按照规定应作进项税额转出的项目,不作进项税额转出处理。

(5)采购环节未按规定取得增值税专用发票,货款支付是否一致。

(6)生产企业采取平销手段返利给零售商,零售商取得返利收入不申报纳税,不冲减进项税额。

(7)为隐瞒销售收入,故意不认证已取得的进项票,不抵扣进项税额,人为调节税负水平。

(8)虚开农副产品收购发票抵扣税款。

(9)购进非农副产品、向非农业生产者收购农产品或盗用农业生产者的身份开具农副产品收购发票;虚抬收购价格、虚假增大收购数量。

(10)"以物易物""以物抵债"行为,未按规定正确核算销项税额;开具的增值税专用发票,结算关系不真实,虚开或代开专用发票。

(11)从事非应税业务而抵扣进项税额;取得不符合规定和抵扣要求的抵扣凭证抵扣进项税额;多计进项税额、少作进项税额转出;非正常损失计算了进项税额;扩大进项税额的抵扣范围。

2)企业所得税稽查要点

(1)多转生产成本,影响当期损益,少缴企业所得税。

(2)以货易货、以货抵股利、福利,少缴企业所得税。

(3)将不属于生产的水电、煤炭开支挤入"制造费用",增大成本费用;故意扩大预提项目或多提预提费用,冲减当期损益。

(4)资本性支出挤占成本、费用,视同销售的事项少计收入。

(5)企业的资产报损未经过审批。

(6)房租收入、固定资产清理收入及关联交易收入,未按税法规定申报缴纳企业所得税。

(7)不及时结转收入,推迟交纳税款。

(8)将已实现的收入挂在预收款或其他应付款中,少记收入。

(9)将抵顶货款的房子、汽车等财产处理后不入账,形成账外经营。

(10)用不正规发票入账,虚列成本、费用。

(11)多列支出。以虚开服务业的发票虚增成本、套取现金,虚增人员工资套取现金,以办公费用的名义开具发票套取现金,以虚增广告支出的方式通过广告公司套取现金。通过设立关联的销售公司、办事处,以经费、销售费用的名义虚列支出套取现金。

3)个人所得税稽查要点

(1)工资表外发放的补贴、奖金、津贴、代购商业保险、实物等收入未与工资表内收入合并扣缴个人所得税。

(2)向本单位职工支付劳务费,未扣缴税款或错按劳务报酬所得项目扣缴个人所得税。

(3)职工通过发票报销部分费用,未扣缴个人所得税。

(4)房地产企业以假发票、假施工合同虚列开发成本套取现金发放职工工资、奖金等,不代扣代缴个人所得税;扣缴义务人故意为纳税人隐瞒收入、进行虚假申报,少缴或不缴个人所得税的行为。

(5)股东、资金提供者、个人投资者各类分红、股息、利息个人所得税扣缴情况。存在利用企业资金支付消费性支出购买家庭财产或从投资企业(个人独资企业、合伙企业除外)借款长期不还等未扣缴个人所得税。

(6)扣缴义务人故意为纳税人隐瞒收入,进行虚假的纳税申报,不缴少缴个人所得税;不按规定扣缴销售人员的业务提成个人所得税。

4.1.3 企业纳税风险规避

企业纳税风险是企业的涉税行为因未能正确有效遵守税收法规而导致企业未来利益的可能损失,具体表现为企业涉税行为影响纳税准确性的不确定因素,结果就是企业多交了税或者少交了税。企业管理层应确立自觉遵守税收法律法规的经营环境,严格按照税法和会计准则进行核算,定期进行纳税评估,因此无论是否被税务机关列为稽查对象都应该定期对自身的纳税情况进行自查。

自查工作应涵盖企业生产经营涉及的全部税种。其中,三个主要税种的自查内容和要点如下:

1)增值税

(1)用于抵扣进项税额的增值税专用发票是否真实合法:是否有开票单位与收款单位不一致或票面所记载货物与实际入库货物不一致的发票用于抵扣。

(2)是否存在购进货物用于集体福利、个人消费等项目等未按规定转出进项税额的情况。

(3)销售收入是否完整及时入账:是否存在以货易货交易未记收入的情况;是否存在以货抵债收入未记收入的情况;是否存在销售产品不开发票,取得的收入不按规定入账的情况;是否存在销售收入长期挂账不转收入的情况;是否存在将收取的销售款项,先支付费用(如购货方的回扣、推销奖、营业费用、委托代销商品的手续费等),再将余款入账作收入的情况。

(4)是否存在视同销售行为、未按规定计提销项税额的情况:将自产或委托加工的货物用于集体福利或个人消费,如用于内设的食堂、宾馆、医院、托儿所、学校、俱乐部、家属社区等部门,不计或少计应税收入;将自产、委托加工或购买的货物用于投资、分配、无偿捐助等,不计或少计应税收入。

2)企业所得税

(1)企业取得的各种收入是否存在未按所得税权责发生制原则确认计税的问题。

(2)企业资产评估增值是否并入应纳税所得额。

(3)取得非货币性资产收入或权益是否计入应纳税所得额。

(4)是否存在利用虚开发票或虚列人工费等虚增成本。

(5)是否存在使用不符合税法规定的发票及凭证,列支成本费用。

(6)是否存在超标准列支业务宣传费、业务招待费和广告费。

(7)是否存在与其关联企业之间的业务往来,不按照独立企业之间的业务往来收取或者支付价款、费用而减少应纳税所得额的,未作纳税调整。

3)个人所得税

自查企业以各种形式向职工发放的工薪收入是否依法扣缴个人所得税。其中,重点自查项目是为职工建立的年金、为职工购买的各种商业保险、以报销发票形式向职工支付的各种个人收入、改补贴、通信补贴、以非货币形式发放的个人收入是否扣缴个人所得税等。

4.2　税务稽查操作

为了完成稽查工作,本平台设置了4个步骤,分别是:①选择被稽查企业;②编制工作底稿;③录入账务调整通知;④提交税务稽查报告。

其中,核心的内容是通过辅助稽查功能全面掌握企业的账务处理情况和纳税申报情况。辅助稽查由下面几项构成:①国、地税税种实缴金额稽查,防止企业漏报或错报税收;②特殊凭证稽查,比如调整凭证,其他无附件凭证等;③成本计算稽查,稽查企业成本计算是否完整、正确,是否符合税法和会计准则的基本要求;④索取发票和开具发票稽查,稽查企业是否按时开具发票,收入确认时间和开票时间是否和税法相符;⑤稽查企业银行、现金日记账和系统对账单及现金实盘流水是否一致;⑥系统存货库存实盘数和企业存货数量金额明细账是否相符。

4.2.1　如何选择被稽查企业

4.2.1.1　选案

选择被稽查企业,根据国家税务总局印发的《税务稽查工作规程》中称之为选案。稽查局应当通过多种渠道获取案源信息,集体研究,合理、准确地选择和确定稽查对象。选案部门负责稽查对象的选取,并对税收违法案件查处情况进行跟踪管理。

选案部门对案源信息采取计算机分析、人工分析、人机结合分析等方法进行筛选,发现有税收违法嫌疑的,应当确定为待查对象。选案的指标如下:

1)计算机选案指标

(1)增值税有关选案指标

◇进项税额 - 销项税额 > 0,连续超过三个月;

◇销售税金负担率低于同行业平均税负率(或低于同行业最低税负控制线);

◇销售税金与销售收入变化幅度不同步;

◇销项税金与进项税金变化幅度不同步。

(2)企业所得税选案指标

◇销售利润率(纵向比较大幅下降、横向比较明显偏低);

◇销售毛利率、销售成本利润率、投资收益率;

◇人均工资额(= 工资总额 ÷ 平均职工人数);

◇固定资产综合折旧率(= 本期折旧额 ÷ 平均固定资产原值);

◇综合指标:销售收入变化幅度 > 30% ;

◇六个月内累计三次零负申报;

◇六个月内发票用量与收入申报为零。

2)案头审计分析选案指标

◇申报与发票销售收入对比:申报收入 < 发票销售收入;

◇申报销项税额与发票销项税额对比、申报进项税额与抵扣联对比;

◇进项税额增幅超过销售收入增幅 30% ;

◇出口金额变化幅度;

◇工资总额 - 计税工资 - 纳税调增 > 0;

◇三项经费(福利、工会、教育)提取额 - 计税工资附加扣除限额 - 纳税调增 > 0。

4.2.1.2 平台税收稽核操作步骤

1)登录税务稽查界面

稽查人员登录系统(见图 4 - 1)之后,首先需要选择"国税"或者"地税"(见图 4 - 2),两者管理的税种不同,稽查方式相似,操作步骤也相同(实战操作以国税稽查为例,地税稽查就不再做另外的讲解)。然后点击"国税"或"地税",进入到"税务稽查"界面(见图 4 - 3)。该界面左边有四个操作菜单,分别是管辖企业、工作底稿查询、账务调整通知和稽查报告查询。界面右边显示的是左边菜单的具体内容。点击相应的菜单,菜单包含的内容会显示在界面的右边。其中工作底稿查询、账务调整通知和稽查报告查询是查询界面,用于查看已经稽查过的底稿、通知和报告。管辖企业是可以稽查的企业(见图 4 - 3)。

2)选择被稽查企业

在税收稽查界面,点击选定的被稽查企业,被稽查企业是教师预先分配的。点击"稽查",进入税务稽查流程图界面(见图 4 - 4)。

图4-1 "平台登录"界面

图4-2 "地税、国税选择"界面

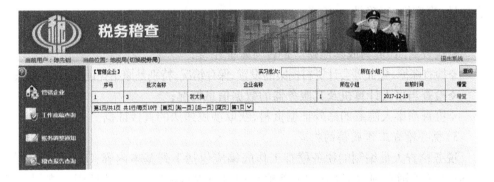

图4-3 "登录稽查"主界面

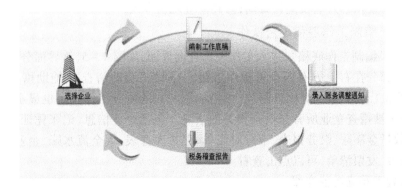

图4-4 税务稽查流程图

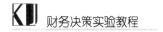

4.2.2　编制工作底稿

4.2.2.1　税务工作底稿概述

1）税务稽查工作底稿的概念

税务稽查工作底稿是税务人员从事税务稽查时,对稽查过程和检查事项所作出的原始记录。它是稽查报告形式的基础,是对稽查报告进行审理的最直接的参照资料,是检验检查质量好坏的最全面的原始资料,是对税收违法行为处罚的依据。稽查工作底稿质量高低,对整个稽查工作质量的好坏有至关重要的影响。编制检查工作底稿应当做到内容完整、观点明确。因此编制工作底稿前应充分收集被稽查企业的各类涉税信息。

2）收集被稽查企业的涉税信息的方法

收集被稽查企业的涉税信息的方法主要有调账检查和实地检查。

（1）调账检查

调账检查要经历的三个层次是指对会计账簿、凭证和报表的审核;五个步骤是指对会计报表、纳税申报表、有关计税依据账户、与计税依据相关且可能隐匿计税依据账户的审核以及会计账户与相关的会计凭证的比对审核。注重检查会计核算合法性、真实性、正确性。

（2）实地检查

◇检查商品、货物或其他财产是否与账证相符;

◇检查账簿、凭证等会计资料档案的设置、保存情况,特别是原始凭证的保存情况;

◇检查当事人计算机及其服务器的数据信息情况;

◇检查当事人隐藏的账外证据资料,获取涉税违法的直接证据。

3）税务稽查工作底稿的内容

税务稽查人员编制的税务稽查工作底稿应包括下列基本内容:①被稽查单位名称;②税务稽查项目名称;③税务稽查项目时点或期间;④税务稽查过程记录;⑤税务稽查标识及其说明;⑥税务稽查结论;⑦索引号及页次;⑧编制者姓名及编制日期;⑨复核者姓名及复核日期;⑩其他应说明事项。

4.2.2.2　编制工作底稿平台操作

点击"编制工作底稿",进入工作底稿查询界面,如图4－5,该界面分上下两部分,上半部分在右上方有四个可操作按钮,分别是"辅助稽查""辅助稽查对比数据""新增工作底稿""对比数据"。已经编制完成的稽查工作底稿也显示在这里。下面显示被稽查企业所有与稽查相关的信息。包括企业信息、记账凭证、总账、明细账、数量金额账、财务报表、银行对账单、存货库存表、现金流水账、企业合同、纳税申报表、发票清单,可以点击查看。

1）辅助稽查功能介绍

在"国税"界面(见图4－5),点击"辅助稽查",进入"稽查国税税额"界面。该界面上方有多个操作按钮,分别是"稽查国税税额""查询无附件凭证明细表""查询手工填写附件凭证明细表""稽查未索取发票清单""稽查未开具发票清单""现金银行存货核对单"(见图4-6)等。通过以上各按钮逐步操作,可以对企业的税收申报、缴纳、账务处理正确与否做出初步判断。下面主要介绍前6个部分的操作。

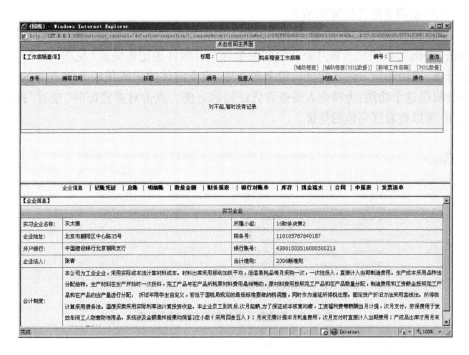

图4-5 "工作底稿查询"界面

(1)稽查国税税额

进入到"稽查国税税额"界面(见图4-6),首先显示的是××年国税税务稽查表,年份可以选择,选择后,显示该年税务稽查表。以国税为例,表格上显示已做账月份的销项税额、进项税额、本期应交、本期实缴。差额等数据。其中,前面部分的

稽查国税税额 查询无附件凭证明细表 查询手工填写附件表单凭证明细表 稽查未索取发票清单 稽查未开具发票清单 现金银行存货核对单 成本稽查 财务报表 增值税月申报 所得税

选择年份: 选择年份 ∨

项目	说明	1月	2月	3月	4月	5月	6月	7月	8月	9月	10月	11月	12月
当期销售额合计		0.00	0.00	0.00	0.00	0.00	0.00	0.00	0.00	0.00	1506666.00	2102.83	0.00
其中:销售货物销售额	当期货物确认销售的金额	0.00	0.00	0.00	0.00	0.00	0.00	0.00	0.00	0.00	1506666.00	2102.83	0.00
卖出股票销售额	股票卖出价/1.06×卖出数量	0.00	0.00	0.00	0.00	0.00	0.00	0.00	0.00	0.00	0.00	0.00	0.00
卖出不动产销售额	当期卖出不动产的金额(不含税)	0.00	0.00	0.00	0.00	0.00	0.00	0.00	0.00	0.00	0.00	0.00	0.00
销项税额		0.00	0.00	0.00	0.00	0.00	0.00	0.00	0.00	0.00	256133.22	357.48	0.00
其中:销售货物税额	货物销售额×17%	0.00	0.00	0.00	0.00	0.00	0.00	0.00	0.00	0.00	256133.22	357.48	0.00
卖出股票税额	股票卖出数量×(卖价-买价)÷(1+6%)×6%	0.00	0.00	0.00	0.00	0.00	0.00	0.00	0.00	0.00	0.00	0.00	0.00
卖出不动产税额	卖出不动产金额×11%	0.00	0.00	0.00	0.00	0.00	0.00	0.00	0.00	0.00	0.00	0.00	0.00
进项税额		0.00	0.00	0.00	0.00	0.00	0.00	0.00	0.00	0.00	1318484.97	2127.60	0.00
上期留抵额		0.00	0.00	0.00	0.00	0.00	0.00	0.00	0.00	0.00	0.00	1062351.75	0.00
本期应交税额	(销项税额-进项税额-上期留抵)如果负数则为0	0.00	0.00	0.00	0.00	0.00	0.00	0.00	0.00	0.00	0.00	0.00	0.00
期末留抵额	(销项税额-进项税额-上期留抵)如果负数则取其绝对值,正数则填0	0.00	0.00	0.00	0.00	0.00	0.00	0.00	0.00	0.00	1062351.75	1064121.87	0.00
本期实际缴纳税金	纳税申报单中取数	0.00	0.00	0.00	0.00	0.00	0.00	0.00	0.00	0.00	0.00	0.00	0.00
差额	本期应交-本期实缴税金												

2017国税税务稽查

图4-6 "稽查国税税额"界面

数据取自系统原始数据,“本期应交”是系统原始数据计算出来的结果。“本期实缴税费”是取自企业纳税申报表,用系统原始数据和企业纳税申报数据比对,如果两者一致,差额为零,可以初步判断企业纳税申报基本正确;如果两者不一致,差额不为零,初步判断企业纳税申报有误。

(2)查询无附件凭证明细表

在“稽查国税税额”界面,点击“查询无附件凭证明细表”按钮,输入查询日期,点击“查询”,系统显示该月企业填制的全部没有附件的记账凭证(见图4－7),比如计提、摊销和期末结转凭证。税务稽查中,没有附件的记账凭证是稽查的重点,系统提供这个功能,为稽查人员查看凭证提供方便。点击对应凭证的“查看”操作按钮,可以查看到完整的凭证。

稽查国税税额　查询无附件凭证明细表　查询手工填写附件表单凭证明细表　稽查未索取发票清单　稽查未开具发票清单　现金银行存货核对单　成本稽查　财务报表　增值税月申报　所得税

【无附件记账凭证查询】

查询条件:　日期时间　至　查询

日期	凭证字号	附件数	摘要	科目代码	科目名称	借方金额	贷方金额	数量	单价	操作	审核	过账
2017-10-31	记 -38	0	分摊厂房租金	50010103	生产成本 -- 消毒柜 -- 制造费用	33033.33				查看	√	√
			分摊厂房租金	50010203	生产成本 -- 冰箱 -- 制造费用	33033.33					√	√
			分摊厂房租金	11230103	预付账款 -- 租金 -- 厂房		66066.66				√	√
2017-10-31	记 -40	0	分摊办公用房租金	660204	管理费用 -- 办公用房租金	8258.56				查看	√	√
			分摊办公用房租金	11230104	预付账款 -- 租金 -- 办公房		8258.56				√	√
2017-10-31	记 -42	0	分摊各生产线租金	50010103	生产成本 -- 消毒柜 -- 制造费用	153846.16				查看	√	√
			分摊各生产线租金	50010203	生产成本 -- 冰箱 -- 制造费用	205128.21					√	√
			分摊各生产线租金	11230102	预付账款 -- 租金 -- 消毒柜生产线		153846.16				√	√
			分摊各生产线租金	11230101	预付账款 -- 租金 -- 电冰箱生产线		205128.21				√	√

图4－7　“稽查无附件凭证明细表”界面

(3)查询手工填写附件凭证明细表

在“稽查国税税额”界面,第三项查询的内容是“手工填写附件凭证明细表”。点击“查询无附件凭证明细表”按钮,输入查询日期,点击“查询”,系统显示该月企业填制的附手工填制附件的记账凭证(见图4－8)。这一类的记账凭证基本是涉及成本计算的凭证,比如工资费用分配、制造费用分配、完工产品入库等。税务稽查中,这部分内容也是稽查的重点,系统提供这个功能,同样为稽查人员查看凭证提供方便。点击对应凭证的“查看”操作按钮,可以查看到完整的凭证。

稽查国税税额　查询无附件凭证明细表　查询手工填写附件表单凭证明细表　稽查未索取发票清单　稽查未开具发票清单　现金银行存货核对单　成本稽查　财务报表　增值税月申报　所得税

【手动记账凭证查询】

查询条件:　日期时间　至　查询

日期	凭证字号	附件数	摘要	科目代码	科目名称	借方金额	贷方金额	数量	单价	操作	审核	过账
2017-10-31	记 -45	3	计提工资	50010102	生产成本 -- 消毒柜 -- 直接人工	682111.62				查看	√	√
			计提工资	50010202	生产成本 -- 冰箱 -- 直接人工	900008.38					√	√
			计提工资	660208	管理费用 -- 职工薪酬	26480.00					√	√
			计提工资	660103	销售费用 -- 职工薪酬	47276.46					√	√
			计提工资	510104	制造费用 -- 职工薪酬	52960.00					√	√
			计提工资	530102	研发支出 -- 职工薪酬	6316.00					√	√
			计提工资	221101	应付职工薪酬 -- 工资		1209427.90				√	√
			计提工资	221102	应付职工薪酬 -- 工会经费		24188.56				√	√
			计提工资	221103	应付职工薪酬 -- 福利费		198000.00				√	√

图4－8　“稽查手工填写附件凭证明细表”界面

（4）稽查未索取发票清单

在"稽查国税税额"界面，第四项查询的内容是"稽查未索取发票清单"，点击"稽查未索取发票清单"按钮，输入查询时间，点击"查询"，系统显示"采购事项未索取发票清单"和"易货事项未索取发票清单"（见图4－9）。如果企业在采购业务或易货业务中，没有按时索取发票，电算化界面就没有进行账务处理，纳税申报就不正确。所以系统通过"稽查未索取发票清单"功能检索企业是否有未索取发票的事项，如果没有，系统提示"暂时没有记录"；如果有，会显示在该界面，提示稽查人员针对未索取发票事项进一步稽查。

图4－9 "查询未索取发票清单"界面

（5）稽查未开具发票清单

在"稽查国税税额"界面，第五项查询的内容是"稽查未开具发票清单"，点击"稽查未开具发票清单"按钮，输入查询时间，点击"查询"，系统显示"订单合同未开具发票清单"、"出售事项未开具发票清单"和"易货事项未开具发票清单"（见图4－10）。与采购未索取发票同样的道理，如果销售未开具发票，电算化界面也有可能没有进行账务处理，导致纳税申报不正确。所以系统通过"稽查未开具发票清单"功能检索企业是否有未开具发票的事项，如果没有，系统提示"暂时没有记录"；如果有，会显示在该界面，提示稽查人员针对未开具发票事项进一步稽查。

图4－10 "查询未开具发票清单"界面

(6)现金银行存货核对单

在"稽查国税税额"界面,"现金银行存货单"又分为4个不同表单,分别是"现金核对单""银行核对单""存货核对单""收入核对单"(见图4-11)。

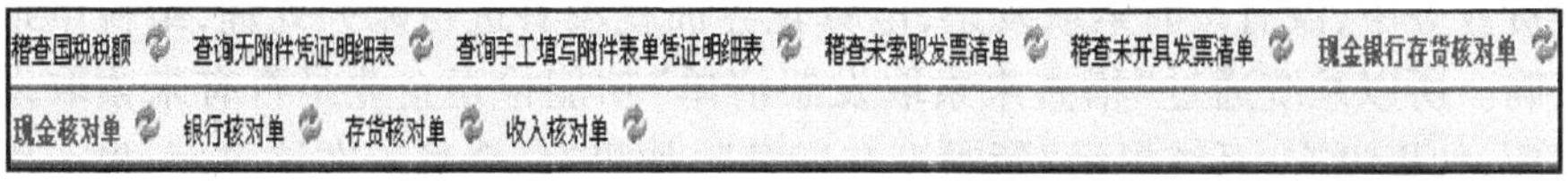

图4-11 "现金核对单显示按钮"界面

✧现金核对单:

在"现金银行存货核对单"界面下,点击"现金核对单"按钮,输入查询时间,点击"查询",系统显示现金核对界面(见图4-12)。界面左边是"现金对账单",数据来源于企业运营界面经济业务,相当于企业现金实存数;右边是"企业现金账",数据来源于电算化模块的现金日记账。两边数据对比,完全相符的数据系统自动会在"核对结果"处用√表示,说明企业记账正确。对于检索中关键字不相同的数据,系统会用红字表示,提示稽查人员做进一步的调查,有可能是企业记账时出错。差额显示在右上方,如果差额为零,说明企业现金业务记账基本正确,如果不为零,现金业务记账有错,要进行进一步的稽查。

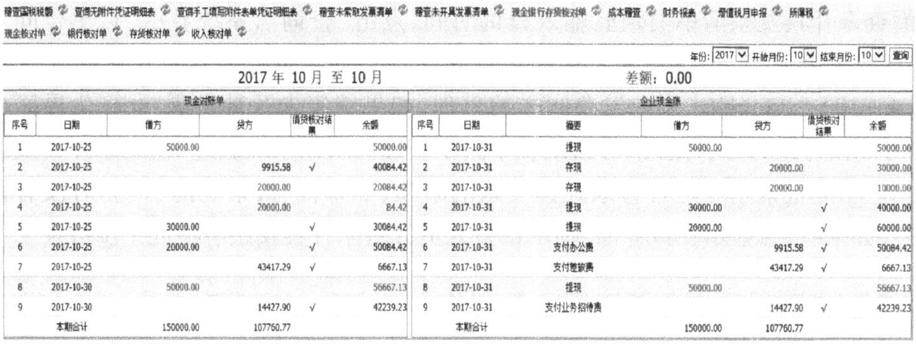

现金对账单

序号	日期	借方	贷方	借贷核对结果	余额
1	2017-10-25	50000.00			50000.00
2	2017-10-25		9915.58	√	40084.42
3	2017-10-25		20000.00		20084.42
4	2017-10-25		20000.00		84.42
5	2017-10-25	30000.00		√	30084.42
6	2017-10-25	20000.00		√	50084.42
7	2017-10-25		43417.29	√	6667.13
8	2017-10-30	50000.00			56667.13
9	2017-10-30		14427.90	√	42239.23
	本期合计	150000.00	107760.77		

企业现金账

序号	日期	摘要	借方	贷方	借贷核对结果	余额
1	2017-10-31	提现	50000.00			50000.00
2	2017-10-31	存现		20000.00		30000.00
3	2017-10-31	存现		20000.00		10000.00
4	2017-10-31	提现	30000.00		√	40000.00
5	2017-10-31	提现	20000.00		√	60000.00
6	2017-10-31	支付办公费		9915.58	√	50084.42
7	2017-10-31	支付差旅费		43417.29	√	6667.13
8	2017-10-31	提现	50000.00			56667.13
9	2017-10-31	支付业务招待费		14427.90	√	42239.23
	本期合计		150000.00	107760.77		

图4-12 "现金核对单显示结果"界面

✧银行核对单:

在"现金银行存货核对单"界面下,点击"银行核对单"按钮,由于银行存款有开设明细科目进行核算,所以要通过下拉菜单选择明细科目,然后再输入查询年份和月份(与现金核对不同,银行核对一次只能核对一个月的账单),点击"查询",系统显示银行对账界面(见图4-13)。界面左边是"银行对账单",数据来源于企业运营界面经济业务,相当于实务中的银行对账单;右边是企业银行账,数据来源于电算化模块的银行日记账。与“现金核对单”相同,两边数据对比,完全相符的数据系统自动会在“核对结果”处用√表示,说明企业记账正确。对于检索中关键字不相同的数据,系统会用红字表示,提示稽查人员做进一步的调查,有可能是企业记账时出错。差额显示在右上方,如果差额为零,说明企业现金业务记账基本正确,如果不为零,现金业务记账有错,要进行进一步的稽查。

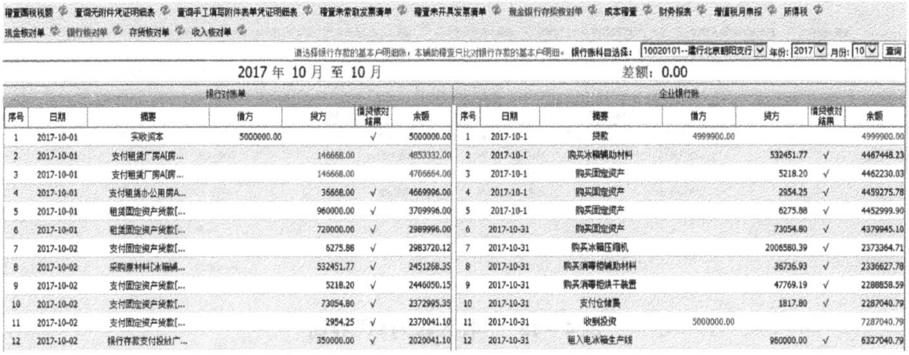

稽查国税税额　查询无附件凭证明细表　查询手工填写附件表单凭证明细表　稽查未索取发票清单　稽查未开具发票清单　现金银行存货核对单　成本稽查　财务报表　增值税月申报　所得税

现金核对单　银行核对单　存货核对单　收入核对单

请选择银行存款的基本户明细账，本辅助稽查只比对银行存款的基本户明细。银行账科目选择：10020101--建行北京朝阳支行　年份：2017　月份：10　查询

2017 年 10 月 至 10 月　　差额：0.00

银行对账单							企业银行账						
序号	日期	摘要	借方	贷方	借贷核对结果	余额	序号	日期	摘要	借方	贷方	借贷核对结果	余额
1	2017-10-01	实收资本	5000000.00		√	5000000.00	1	2017-10-1	贷款	4999900.00			4999900.00
2	2017-10-01	支付租赁厂房A[房…		146668.00		4853332.00	2	2017-10-1	购买冰箱辅助材料		532451.77	√	4467448.23
3	2017-10-01	支付租赁厂房A[房…		146668.00		4706664.00	3	2017-10-1	购买固定资产		5218.20	√	4462230.03
4	2017-10-01	支付租赁办公用房A…		36668.00	√	4669996.00	4	2017-10-1	购买固定资产		2954.25	√	4459275.78
5	2017-10-01	租赁固定资产货款[…		960000.00	√	3709996.00	5	2017-10-1	购买固定资产		6275.88	√	4452999.90
6	2017-10-01	租赁固定资产货款[…		720000.00	√	2989996.00	6	2017-10-31	购买固定资产		73054.80	√	4379945.10
7	2017-10-02	支付固定资产货款[…		6275.88	√	2983720.12	7	2017-10-31	购买冰箱压缩机		2006580.39	√	2373364.71
8	2017-10-02	采购原材料[冰箱辅…		532451.77	√	2451268.35	8	2017-10-31	购买消毒柜辅助材料		36736.93	√	2336627.78
9	2017-10-02	支付固定资产货款[…		5218.20	√	2446050.15	9	2017-10-31	购买消毒柜烘干装置		47769.19	√	2288858.59
10	2017-10-02	支付固定资产货款[…		73054.80	√	2372995.35	10	2017-10-31	支付仓储费		1817.80	√	2287040.79
11	2017-10-02	支付固定资产货款[…		2954.25	√	2370041.10	11	2017-10-31	收到投资	5000000.00			7287040.79
12	2017-10-02	银行存款支付投放广…		350000.00	√	2020041.10	12	2017-10-31	租入电冰箱生产线		960000.00	√	6327040.79

图 4-13　“银行核对单显示”界面

✧存货核对单:

在“现金银行存货核对单”界面下,点击“存货核对单”按钮,输入查询年份和月份,点击“查询”,系统显示存货对账界面(见图 4-14)。界面显示原材料的账存、实存、盈亏的数量和金额以及产成品的账存、实存、盈亏的数量和金额。在稽查过程中,如果数量相符,可以忽略不计金额的尾差,金额尾差是凭证和账簿小数点保留位数不一致造成的。

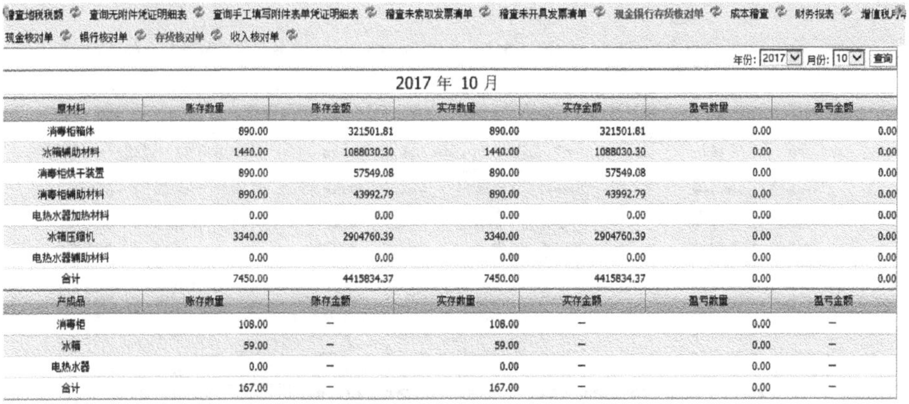

稽查地税税额　查询无附件凭证明细表　查询手工填写附件表单凭证明细表　稽查未索取发票清单　稽查未开具发票清单　现金银行存货核对单　成本稽查　财务报表　增值税月

现金核对单　银行核对单　存货核对单　收入核对单

年份：2017　月份：10　查询

2017 年 10 月

原材料	账存数量	账存金额	实存数量	实存金额	盈亏数量	盈亏金额
消毒柜箱体	890.00	321501.81	890.00	321501.81	0.00	0.00
冰箱辅助材料	1440.00	1088030.30	1440.00	1088030.30	0.00	0.00
消毒柜烘干装置	890.00	57549.08	890.00	57549.08	0.00	0.00
消毒柜辅助材料	890.00	43992.79	890.00	43992.79	0.00	0.00
电热水器加热材料	0.00	0.00	0.00	0.00	0.00	0.00
冰箱压缩机	3340.00	2904760.39	3340.00	2904760.39	0.00	0.00
电热水器辅助材料	0.00	0.00	0.00	0.00	0.00	0.00
合计	7450.00	4415834.37	7450.00	4415834.37	0.00	0.00
产成品	账存数量	账存金额	实存数量	实存金额	盈亏数量	盈亏金额
消毒柜	108.00	—	108.00	—	0.00	—
冰箱	59.00	—	59.00	—	0.00	—
电热水器	0.00	—	0.00	—	0.00	—
合计	167.00	—	167.00	—	0.00	—

图 4-14　“存货核对单显示”界面

✧收入核对单：

在“现金银行存货核对单”界面下，点击“收入核对单”按钮，输入查询年份和月份，点击“查询”，系统显示收入对账界面。界面左边显示“系统发票明细”，右边显示“主营业务明细”。同样是用系统数据与企业电算化模块的账簿数据进行比对，如果不符，会显示差额，提示稽查人员做进一步的稽查。相符的情况下，差额为零（见图4－15）。

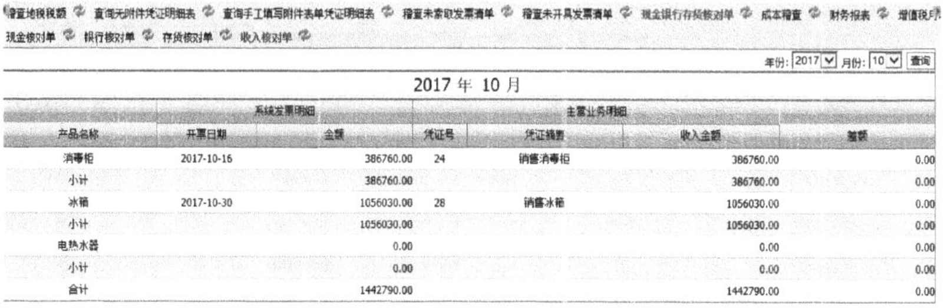

	系统发票明细		主营业务明细			
产品名称	开票日期	金额	凭证号	凭证摘要	收入金额	差额
消毒柜	2017-10-16	386760.00	24	销售消毒柜	386760.00	0.00
小计		386760.00			386760.00	0.00
冰箱	2017-10-30	1056030.00	28	销售冰箱	1056030.00	0.00
小计		1056030.00			1056030.00	0.00
电热水器		0.00			0.00	0.00
小计		0.00			0.00	0.00
合计		1442790.00			1442790.00	0.00

图4－15 “收入核对单”界面

2）辅助稽查（对比数据）功能介绍

在“国税”界面，点击“辅助稽查（对比数据）”，进入“辅助稽查数据比较界面”界面。“辅助稽查（对比数据）”与“辅助稽查”功能比较，“辅助稽查（对比数据）”是在“辅助稽查”的基础上，增加了“企业信息”“记账凭证”“总账”“明细账”“数量金额账”“财务报表”“银行对账单”“库存”“现金流水”“合同”“申报表”“发票清单”查看按钮。增加的意义在于在同一个界面上，可以同时打开稽查表单和企业的凭证、账簿、报表、合同等，便于比对，例如本案例，可以在查看10月份基本户的银行核对单的同时，打开企业银行对账单，两者进行比对，更详细的确认数据的来源（见图4－16）。

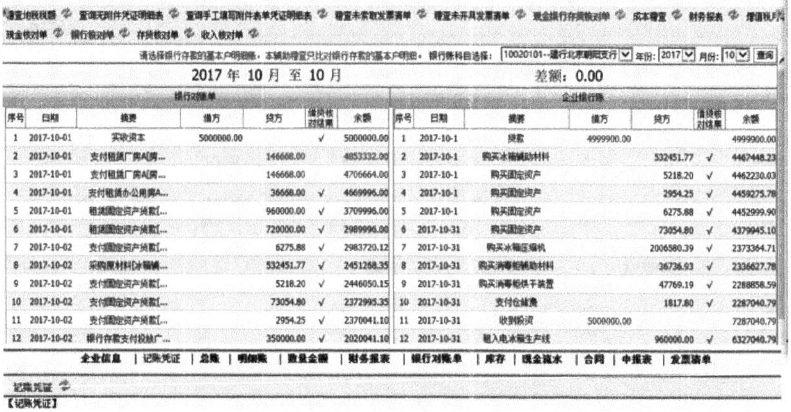

银行对账单							企业银行账						
序号	日期	摘要	借方	贷方	借贷核对结果	余额	序号	日期	摘要	借方	贷方	借贷核对结果	余额
1	2017-10-01	实收资本	5000000.00		√	5000000.00	1	2017-10-1	提款	4999900.00			4999900.00
2	2017-10-01	支付租赁厂房A(房...		146668.00		4853332.00	2	2017-10-1	购买冰箱辅助材料		532451.77	√	4467448.23
3	2017-10-01	支付租赁厂房A(房...		146668.00		4706664.00	3	2017-10-1	购买固定资产		5218.20	√	4462230.03
4	2017-10-01	支付租赁办公用房A...		36668.00	√	4669996.00	4	2017-10-1	购买固定资产		2954.25	√	4459275.78
5	2017-10-01	租赁固定资产货款(...		960000.00	√	3709996.00	5	2017-10-1	购买固定资产		6275.88	√	4452999.90
6	2017-10-01	租赁固定资产货款(...		720000.00	√	2989996.00	6	2017-10-31	购买固定资产		73054.80	√	4379945.10
7	2017-10-02	支付固定资产货款(...		6275.88	√	2983720.12	7	2017-10-31	购买冰箱压缩机		2006580.39	√	2373364.71
8	2017-10-02	采购原材料(冰箱辅...		532451.77	√	2451268.35	8	2017-10-31	购买消毒柜辅助材料		36736.93	√	2336627.78
9	2017-10-02	支付固定资产货款(...		5218.20	√	2446050.15	9	2017-10-31	购买消毒柜烘干装置		47769.19	√	2288858.59
10	2017-10-02	支付固定资产货款(...		73054.80	√	2372995.35	10	2017-10-31	支付仓储费		1817.80	√	2287040.79
11	2017-10-02	支付固定资产货款(...		2954.25	√	2370041.10	11	2017-10-31	收到投资	5000000.00			7287040.79
12	2017-10-02	银行存款支付投放广...		350000.00	√	2020041.10	12	2017-10-31	租入电冰箱生产线		960000.00	√	6327040.79

图4－16 “辅助稽查数据比较”界面

3）新增工作底稿功能介绍

在"国税"界面，点击"新增工作底稿"，进入"稽查工作底稿"界面。该界面分为上下两个部分，上半部分是"稽查工作底稿"填写部分，下半部分是可供参考的企业资料。编制作底稿的时候，稽查人员可以查看企业的明细数据，包括电算化中所有数据，银行对账单，库存，现金流水，合同，纳税申报表以及发票清单。并可以直观的进行任何两项数据之间的比对。每一份工作底稿都保留在"国税"界面上，可以查看，在查看界面可以修改。但被稽查的企业平台无法看到工作底稿。

在"录入工作底稿"界面（见图 4-17），录入工作底稿，首先填写工作底稿名称：然后填写工作底稿的具体内容，录入完毕，点击"保存"。

	账簿名称及科目	凭证序号	记账时间	对应科目	问题摘要	金额	
						借方	贷方

2017年税务稽查工作底稿1

图 4-17 "录入工作底稿"界面

4.2.3 录入账务调整通知

4.2.3.1 账务调整概述

1）《账务调整通知》的作用和意义

在税务检查中，查出来的大量错漏税问题，多数情况是因为账务处理错误造成的，一般都反映在会计账簿、会计凭证和会计核算资料上，并在查补纠正过程中必然涉及收入、成本、费用、利润和税金的调整问题。如果检查后仅仅只补回税款，不将纳税人错漏的账项纠正调整过来，使错误延续下去，随着时间的推移，势必会导致新的错误，明补暗退或重复征税的现象必然发生，账面资料数据与征收金额不相衔接。因此，查账后制作《账务调整通知》，实质上是查账工作的继续。不督促纳税人及时正确地调整账务，就不能真实地反映企业的财务状况和经营成果，也不能防止新的错误发生，也就没有实现查账目的，完成查账任务。

2）编制《账务调整通知》的要求

制作税务稽查《账务调整通知》的基本要求是：要能反映原错漏账项的来龙去脉，调账分录要正确、分明，严格体现国家税收政策，有利于加强企业财务管理。具体要求为：①账务处理的调整要与现行财务会计准则相一致，要与税法的有关会计核算相一致。②账务处理的调整要与会计基本理论相符合。调整错账,需要做出新的账务处理来纠正原错账。因此,新的账务处理业务必须符合会计基本理论和核算程序,反映错账的来龙去脉,清晰表达调整的思路;还应做到核算准确,数字可靠,正确反映企业的财务状况和生产经营情况,并使会计期间上下期保持连续性和整体性;同时还要坚持平行调整,在调整总账的同时调整它所属的明细账户。③调整错账的方法应从实际出发,简便易行。既要做到账实一致,反映查账的结果,又要坚持从简账务调整的原则。在账务调整方法的运用上,能用补充调整法则不用冲销调整法,尽量做到从简适宜。

3)主要税种的账务调整处理

(1)增值税的账务调整

对于增值税检查后的账务调整,应设立"应交税费——增值税检查调整"专门账户。凡检查后应调减账面进项税额或调增销项税额和进项税额转出的数额,借记有关科目,贷记本科目;凡检查后应调增账面进项税额或调减销项税额和进项税额转出的数额,借记本科目,贷记有关科目;全部调账事项入账后,应结出本账户的余额,并对该余额进行处理:

若余额在借方,全部视同留抵进项税额,按借方余额数,借记"应交税费——应交增值税(进项税额)"科目,贷记本科目。

若余额在贷方,且"应交税费——应交增值税"账户无余额,按贷方余额数,借记本科目,贷记"应交税费——未交增值税"科目。

若本账户余额在贷方,"应交税费——应交增值税"账户有借方余额且等于或大于这个贷方余额,按贷方余额数,借记本科目,贷记"应交税费——应交增值税"科目。

若本账户余额在贷方,"应交税费——应交增值税"账户有借方余额但小于这个贷方余额,应将这两个账户的余额冲出,其差额贷记"应交税费——未交增值税"科目。

上述账务调整应按纳税期逐期进行。

例4-1:税务检查人员于2011年12月份检查A企业当年增值税缴纳情况,进行账簿检查时,发现该企业"预收账款"账户贷方余额1 170 000元,金额较大,通过进一步检查,查明细账和有关记账凭证、原始凭证及产品出库单,查明产品已出库,企业记入"预收账款"账户的余额全部是企业分期收款销售产品收到的货款和税款,而没有及时结转产品销售收入。经核实,该批产品的生产成本价为500 000元,据此,作如下调整:

应计应税收入额 = 1 170 000 ÷ (1 + 17%) = 1 000 000(元)

应补增值税: 1 000 000 × 17% = 170 000(元)

账务处理为:

借:预收账款   1 170 000

贷:主营业务收入		1 000 000
应交税费——增值税检查调整		170 000

假定忽略 A 公司其他纳税调整事项,仅对该事项进行调整,且"应交税费——应交增值税"账户无余额,下一步的账务处理为:

借:应交税费——增值税检查调整　　　　170 000
　贷:应交税费——未交增值税　　　　　　170 000

(2)所得税的账务调整

企业所得税实行按年计算、分月或分季预缴的办法,如查获额属于本年度需要调整损益的错漏项目,可直接调整本期损益账户;如查获额属于以前年度事项,通过"以前年度损益调整"账户调整。

例 4-2:查明 A 公司 2011 年 12 月份多转主营业务成本 100 000 元(法定税率 25%)。

调账会计分录为:

借:库存商品　　　　　　　　　　　　100 000
　贷:主营业务成本　　　　　　　　　　100 000
借:主营业务成本　　　　　　　　　　100 000
　贷:本年利润　　　　　　　　　　　　100 000

同时

借:所得税费用　　　　　　　　　　　25 000
　贷:应交税费——应交所得税　　　　　25 000

若 A 公司多转主营业务成本 100 000 元(法定税率 25%),属于以前年度发生,调账会计分录为:

借:库存商品　　　　　　　　　　　　100 000
　贷:以前年度损益调整　　　　　　　　100 000

同时

借:以前年度损益调整　　　　　　　　25 000
　贷:应交税费——应交所得税　　　　　25 000
借:以前年度损益调整　　　　　　　　75 000
　贷:利润分配——未分配利润　　　　　75 000

4.2.3.2　账务调整平台操作

点击"录入账务调整通知",进入账务调整查询界面(见图 4-18)。该界面分上下两部分,上半部分在右上方有"新增账务调整"操作按钮,点击进入,界面显示"账务调整通知"表单,稽查人员对"账务调整通知"单填写完整后,点击"保存",就形成一份账务调整通知单。所有已经编制完成的账务调整通知都显示在本界面,点击"查看"按钮可以查看,并且可以在查看界面修改。下半部分显示"工作底稿"
"记账凭证""总账""明细账""数量金额账""财务报表"。便于在填写"账务调整
通知"时查看。

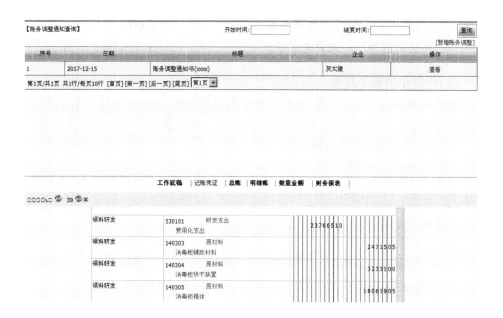

图 4-18 "账务调整查询"界面

录入账务调整单,主要依据该界面下方的"工作底稿",其余的凭证和报表也
可以用作参考。稽查人员可以新增或者删除明细条目,对于一大类凭证都录错的
情况,稽查人员也可以直接录入文字描述。例如本案例,被稽查企业只有一条分录
有误,"账务调整通知"显示的内容只有一条,如果有多条分录有误,可以点击表格
右上方"新增"按钮,增加条目。表格下方,可以录入文字描述,例如本案例用文字
提醒"你司 2017 年 11 月 11 日 20 号凭证有误,请修改"。系统要求,在账务调整单
上要录入调整分录条数,这个条数将会影响到被稽查企业中关于稽查部分的成绩
判定,原则上条数越多,稽查部分成绩就越低。稽查人员完成录入之后点击保存按
钮,或者点击返回按钮返回上层菜单(见图 4-19)。

4.2.4 税务稽查报告

1)税务稽查报告概述

《税务稽查报告》是税务检查人员依据现行税收法规及有关规章,对纳税人一
定时期内的纳税事项进行税务稽查后,根据检查出的问题、情况连同做出的处理意
见写出的书面报告。对经立案查处的案件,税务稽查完毕,稽查人员应制作《税务
稽查报告》。《税务稽查报告》主要反映纳税人违反税法的情况。它是纳税人税收

图4-19 "账务调整通知录入"界面

违法违规问题的文字记录,是依法惩处纳税人违反税收法规行为的重要依据。《税务稽查报告》在完成税务检查后拟写,报告反映问题要客观、准确、实事求是,文字叙述要清楚、简练,引用政策法规依据要准确,提出的处理意见要符合现行税法规定。

凡按照规定不需立案查处的一般税收违法案件,稽查完毕后,可按照简易程序,由稽查人员直接制作《税务处理决定书》,按照规定报经批准后执行。未经立案查处的,且经稽查没有发现问题,由稽查人员制作《税务稽查结论》,说明未发现问题的事实和结论意见。

适用简易程序和经稽查未发现问题的处理比较简单,本平台只介绍需要编写《税务稽查报告》的情况。

2) 税务稽查报告操作

点击"税务稽查报告",进入稽查查询界面(见图4-20)。该界面分上下两部分,上半部分在右上方有"新增稽查报告"操作按钮,下半部分显示"工作底稿""当前账务调整通知书""账务调整通知书"。每个稽查报告和账务调整通知书都是一一对应的关系,新增一个"账务调整通知书"就要新增一个"税务稽查报告"。"当前账务调整通知书"是和目前正在编写的"税务稽查报告"相对应的调整通知书。"账务调整通知书"按钮可以通过录入年份和月份,查看往期"账务调整通知书"。

"税务稽查报告"是在"账务调整通知书"完成的情况下编制的,如果没有账务通知书,点击"新增稽查报告"系统会提示"选择相关账务通知录入报告",此时无

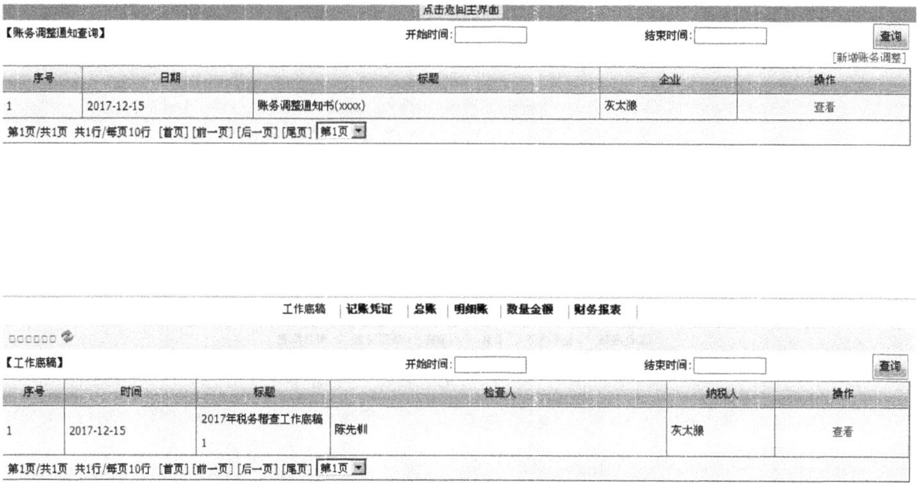

图 4 - 20 "稽查查询"界面

法操作,要先回到账务调整录入界面编制账务调整通知。已经完成账务通知书的情况下,点击"新增稽查报告"系统会将录入完成的"账务调整通知书"显示在上方(见图 4 - 21)。

序号	日期	标题	企业	操作
1	2017-12-15	账务调整通知书(xxxx)	灰太狼	查看

第1页/共1页 共1行/每页10行 [首页] [前一页] [后一页] [尾页] [第1页 ▾]

图 4 - 21 "账务调整通知书显示"界面

点击账务调整通知书后的操作按钮"录入稽查报告"进入"税务稽查报告录入"界面(见图 4 - 22)。

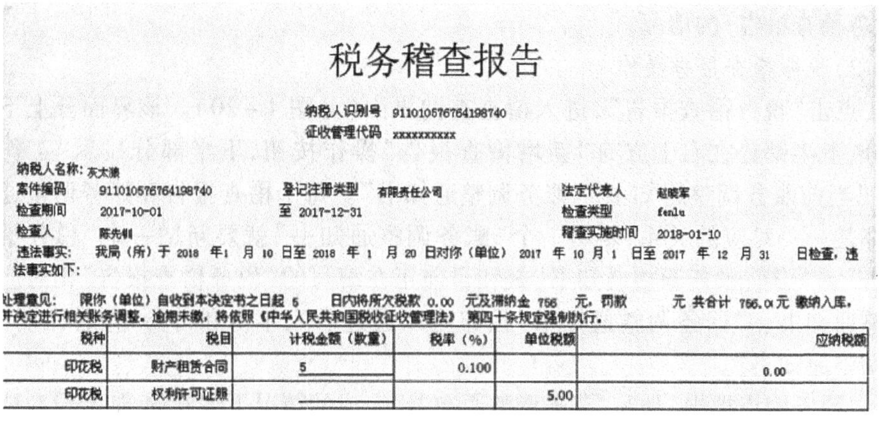

图 4 - 22 "税务稽查报告录入"界面

在此界面下完成税务稽查报告的填写。税务稽查报告应完整反映以下内容：①稽查案件编号；②纳税人名称；③企业经济类型；④法定姓名；⑤检查所属期间；⑥检查人员姓名；⑦检查类型；⑧检查实施时间；⑨检查发现的违反税收法规、规章的问题、情况，主要税收违法犯罪事实及法规政策依据。稽查报告的处理意见中，所欠税款和应纳税额是系统自动计算的，滞纳金及罚款由稽查人员酌情填写。以上内容填写不完整，系统不允许保存。填完后，点击"保存"（见图4 - 23）。

图4 - 23 "税务稽查报告显示"界面

以上界面显示税务稽查报告的状态，可以查看/修改、查看/回复和递交。在未递交前，可以修改稽查报告。点击"递交"，系统就会将稽查报告递交给稽查企业。被稽查企业如果对税务稽查报告有异议，可以提出异议，系统会反馈给稽查小组，系统允许反复三次，超过三次仍有异议系统将提交教师界面，由教师仲裁。

参考文献

[1]财政部会计资格评价中心.财务管理[M].北京:中国财政经济出版社,2015.

[2]杨淑君,谢振.财务管理学[M].北京:高等教育出版社,2015.

[3]孔德兰.财务管理实务[M].北京:高等教育出版社,2008.

[4]张新民,钱爱民.财务报表分析[M].2版.北京:中国人民大学出版社,2011.

[5]马元兴.企业财务管理[M].北京:高等教育出版社,2011.

[6]王媚莎.财务管理项目化实训[M].北京:经济科学出版社,2011.

[7]桑士俊.财务决策实务教程[M].北京:清华大学出版社,2013.